Marie-Pascale Rémy

Erfahrungen mit Engeln

Marie-Pascale Rémy

Erfahrungen mit Engeln

Aus dem Französischen von
Anja Schmidtke

SILBERSCHNUR

Die Originalausgabe erschien 2004 unter dem Titel *L'expérience de l'ange* bei Les Editions de Mortagne, Ottawa.

ISBN 3-89845-121-6

1. Auflage 2006

Aus dem Französischen von Anja Schmidtke

Covergestaltung: Les Editions de Mortagne
Satz: XPresentation, Boppard
Druck: Finidr, s.r.o. Cesky Tesin, Tschech. Rep.

Verlag "Die Silberschnur" GmbH · Steinstraße 1 · D-56593 Güllesheim

www.silberschnur.de
Email: info@silberschnur.de

Dieses Buch widme ich

meiner süßen, hübschen Patentochter Lucie,
auf dass sie beim Heranwachsen die Erinnerung an ihren
Schutzengel Ulterre nicht verliere.

Meinem geliebten Patenonkel, der es verstand,
meine Kindheit zu erhellen, indem er mir das Gefühl
vermittelte, dass mich ein allumfassender Schutz umgibt.

Jean-Sébastien,
auf dass er an seinen Glücksstern glaube.

Inhaltsverzeichnis

Auf dass der mich
beschützende Geist
meine Taten als Wurzel empfange
und daraus Früchte
erwachsen lasse.

Einführung

Groß ist der Mann, der nicht sein Kinderherz verliert.

Mong Dsi
(chinesischer Philosoph, 372-289 v. Chr.)

In einem materialistischen und *spiritophoben* (Phobie vor der spirituellen Welt) Zeitalter wie dem jetzigen ist es ein echtes Wagnis, von Engeln zu sprechen. Man riskiert, niemanden damit zu interessieren oder sich unbeliebt zu machen - bestenfalls als Träumer betitelt oder schlimmstenfalls als Anhänger einer gefährlichen Sekte verdächtigt zu werden. Es wird nicht gern gesehen, wenn man über Derartiges spricht. Sogar die Geistlichen schrecken davor zurück, sich auf dieses Gebiet vorzuwagen. Bereits vor langer Zeit haben sie das Studium der Engelswissenschaften (*Angeologie* oder *Angelologie*) fallen gelassen. Sie haben das Thema aufgegeben und das spirituelle Wissen den Laien und damit allen möglichen Fantasien und dem Aberglauben überlassen. Die Engel, die nun mehrheitlich im New Age angekommen sind, mit all den Ungenauigkeiten, die wir über sie wissen, haben inzwischen auch den letzten Rest ihrer früheren Glaubwürdigkeit verloren. Oft sind sie nur noch übernatürliche Geister, die materielle Wünsche erfüllen oder ein Märchen beseelen, um die Kinder zu beruhigen und besser einschlafen zu lassen.

Betrachtet man die Angelegenheit aber aus einem näheren Blickwinkel, dann kann man beobachten, dass die Menschen das Engels-Universum nicht vollständig vergessen haben und es von ihrem Alltag auch nicht so weit entfernt ist, wie man glauben möchte. Das zeigt sich darin, dass wir noch heute Ausdrücke in unserer Sprache verwenden, die auf Engel anspielen. Der Volksmund spiegelt stets eine Wirklichkeit wider, von der man einst etwas ahnte, ohne darauf zu warten, dass die Wissenschaft den Beweis dafür erbrachte.

So sagt man beispielsweise:

- eine Engelsgeduld haben: beispielhafte Geduld haben;
- schlafen wie ein Engel: vollkommen;
- jemand ist eines anderen Schutzengel: Er übt einen guten Einfluss auf den anderen aus.
- "Du bist ein Engel": Worte für jemanden, der uns seine Hilfe anbietet oder uns einen Dienst erweist.
- Denjenigen, den man liebt, "mein Engel" zu nennen, ist sehr nützlich, denn selbst ohne es zu wissen, wendet man sich damit an den heiligsten Teil des anderen. Man hilft ihm insgeheim, sich zu entfalten und seine Fähigkeit aufblühen zu lassen, sein eigener Schöpfer zu sein und in seine menschliche und göttliche Dimension aufzusteigen.

Neben den Ausdrücken, die unsere Sprache prägen, bezeugt die bedeutende Anzahl von nichtreligiösen Büchern über Engel, die jedes Jahr erscheinen, dass die Menschen ihre Existenz erahnen, dass sie versuchen, sich an sie zu *erinnern* und mit ihnen in Verbindung zu treten. Auch wenn diese Bücher zumeist Wiederholungen von Entlehnungen aus der kabbalistischen* Tradition enthalten und sich nur selten auf echte Engelserfahrungen berufen, so lässt sich daraus trotzdem ablesen, dass eine wirkliche Suche stattfindet. Aus diesem Grunde möchte ich meine Kenntnisse über Engel weitergeben, jedoch auch die Erfahrungen, die ich mit diesen geistigen Wesen gemacht habe. Es liegt mir fern zu behaupten, die alleingültige Wahrheit über Engel zu besitzen, ein vollständiges Bild von ihnen zu haben oder neue Methoden entdeckt zu haben, um mit ihnen in Verbindung zu treten. Dieses Buch berichtet über die Annäherung an meinen Schutzengel, die ich erlebt habe. Meine Absicht ist es zu versuchen, den Leser die Nähe der spirituellen Welt spüren zu lassen, ihm Suchwege aufzuzeigen und praktische Werkzeuge an die Hand zu geben, um den eigenen Schutzengel zu erfahren.

Um die Erfahrung dieser transzendentalen Wirklichkeit zu machen, habe ich mich auf vier Achsen gestützt:

Zunächst ist eine starke Hinwendung zur unsichtbaren Welt, ein echtes und lebhaftes Interesse daran erforderlich.

Echt, weil das Ziel meiner Suche nicht in fantastischen Phänomenen oder Wundern bestand, sondern vielmehr in dem Bestreben, die absolute Fülle wieder zu finden, die ich Ende 1988 in meiner *Nahtoderfahrung* erfahren hatte. Ich wollte in das Gefühl der Vollkommenheit eintauchen, das ich auf der anderen Seite erlebt hatte, wollte meine Mitte und dieses Gefühl der Ausrichtung aller Elemente meines Wesens wieder finden, durch die ich eine unglaubliche Kraft gespürt hatte. Schnell begriff ich, dass ich nicht passiv auf Gnade warten durfte, auf ein Wunder oder irgendein göttliches Eingreifen, sondern dass ich mich reinigen und an mir selbst arbeiten musste. Ich hatte den Willen, mich der spirituellen Welt durch die Verbesserung meiner selbst anzunähern (Freude daran, meinem Engel in gewisser Weise *ähnlich* zu werden). Der Engel erscheint nämlich nicht in einem großartigen Spektakel, sondern im Gesicht meines Nächsten, wenn ich lerne, ihn mit den Augen des Herzens zu betrachten. Dies erfordert, Offenheit, Verständnis und

Respekt gegenüber dem anderen in seinem Anderssein zu entwickeln und zu teilen. Alle diese Tugenden können in einem einzigen Wort zusammengefasst werden: LIEBE. Lieben zu können muss gelernt werden. Es bedeutet echte Arbeit an sich selbst, die aus inneren Kämpfen, dem Aufgeben schlechter Gewohnheiten oder anderer ungünstiger Verhaltensweisen besteht, aber auch Bereicherungen (Freiheit, Selbstverantwortung usw.) mit sich bringt. Der Wille zur Verbesserung und spirituelle Suche werden zu Synonymen. Und auch lebhaftes Interesse ist erforderlich, denn trotz aller Schwierigkeiten darf man niemals aufgeben. Ist das Interesse nicht tief genug oder auf simple Neugier beschränkt, wird es äußerst schwierig sein, eine Engelserfahrung zu machen.

Die zweite Achse der spirituellen Erfahrung ist das Lernen.

Ich lerne und werde so lange weiter lernen, wie Gott mir Leben schenkt. Um mir eine Vorstellung von Engeln zu verschaffen, ließ ich mich von einigen eingeweihten Autoren inspirieren, die selbst eine Schutzengelerfahrung gemacht hatten. Ganz langsam begann ich mir in meinem Inneren ein Bild über Engel zu machen. Zu der Lektüre, die mir dabei geholfen hat, zählt das Werk von Dionysius Areopagita, dem Angelologen des Christentums, dessen Schriften die esoterische Lehre des heiligen Paulus widerspiegeln. Dionysius ist Vater der Angelologie und der Astrologie im Christenzeitalter. Auf Grund dieser seiner Eigenschaft erlaube ich mir hier, einen kleinen Abstecher zu Dionysius zu machen, denn eine Szene seines Lebens ist sehr repräsentativ für das, was heute vom Menschen gefordert wird. Diese Episode veranschaulicht, was ich zu den Mitteln und Wegen erklären möchte, um in Verbindung mit dem eigenen Engel zu treten.

Der griechische Gelehrte Dionysius lebte im ersten Jahrhundert n. Chr. in Athen im Viertel des Areopag (das dem Gott *Ares* = Mars gewidmet war), wo sich die gesamte intellektuelle Elite jener Zeit versammelte: Weise, Gelehrte, Rechtskundige und Philosophen. An diesem Ort trafen der heilige Paulus und Dionysius aufeinander. Dionysius wurde vom heiligen Paulus konvertiert und war drei Jahre lang sein Schüler: *"Einige Männer schlossen sich ihm an und wurden gläubig; unter ihnen war auch Dionysius."* (Die Apostelgeschichte des Lukas 17, 34) Gemeinsam gründeten sie die Schule von Athen, deren Einfluss und Renommee zehn Jahrhunderte nach der Geburt Christi überdauert haben. Dionysius vermittelte dem aufkommenden Christentum unerlässliches Wissen über den Aufbau der spirituellen Welt. Er ließ sich von den *Mysterien von Eleusis*, den Lehren der griechischen Schule (in der er in die Mysterien von Dionysos eingeweiht wurde, daher sein Name) und wahrscheinlich von der hebräischen Kabbala und der beginnenden christlichen Mystik inspirieren und benannte neun Engelschöre himmlischer Wesen, die die Bewusstseinssphären bilden. Neun Chöre, die nach dem Bild der neun Musen des antiken Griechenland den vollkommenen Ausdruck von Göttlichkeit repräsentieren. Auch heute noch ordnet die christliche Welt die geistigen Wesenheiten nach Dionysius und weiß von der Rolle, die sie im Ausdruck der Liebe des Universums innehaben.

In Band II der *Legenda Aurea* von Jacobus de Voragine erfahren wir, dass Dionysius sein Leben in Gaule, Lutetia (Paris) beendete, dessen Bischof er war. Hier wird er auf Befehl des Kaisers verhaftet und enthauptet. Der Berg, auf dem er exekutiert wurde und der in *Berg der Märtyrer* umbenannt wurde, wurde später zum Montmartre. Die Legende erzählt, dass Dionysius nach seiner Enthauptung seinen Kopf nahm, ihn auf sein Herz legte und so langsam bis zu seiner Grabstätte schritt, einem Ort in der Nähe von Lutetia, wo sich nun die Basilika von St. Denis erhebt.

Seither wurde Dionysius fast immer mit seinem Kopf in seinen Händen dargestellt. Tatsächlich kommt diesem Aspekt der Biografie von Dionysius eine tiefe Bedeutung zu, da *der Kopf auf dem Herzen* das intellektuelle Denken symbolisiert, das durch die Liebe des Herzens verwandelt wird. Es geht darum, den eigenen alten Kopf *abzuschneiden*, das heißt das mentale Abstraktum des Hirns aufzugeben, um sich einer anderen Form des Denkens zu öffnen, das dem gesamten Wesen entstammt; einem Denken, das mit Leben erfüllt ist. Das auf die äußere Welt gerichtete Denken soll sich dem Inneren zuwenden, sich dafür interessieren, was im menschlichen Herzen und in den universellen Wirklichkeiten existiert. Es muss echte Reue, eine *Rückkehr* in die spirituelle Welt stattfinden. Hierbei handelt es sich um eine Bekehrung, eine so oft von Johannes dem Täufer, dem Propheten der Neuzeit, vom Menschen verlangte Bekehrung: *"Tut Buße, denn das Himmelreich ist nahe herbeigekommen."* (Das Evangelium nach Matthäus 3,2) Der Prophet verkündet uns, dass Gott und seine Engel nicht mehr im Äußeren, sondern im Inneren des Menschen zu finden sind. Die spirituelle Welt befindet sich von nun an im menschlichen Herzen. *Indem er seinen Kopf auf sein Herz legt*, veranschaulicht Dionysius die *Absicht* unserer nachatlantischen Epoche (ein Zeitraum, der nach der in der Genesis dargestellten Sintflut beginnt und bis in die heutige Zeit reicht). Er schlägt uns vor, den Weg wieder zu finden, Gott und seine Engel zu erkennen. Diese Rückwendung des Denkens ins Innere des eigenen Selbst geschieht durch Lernen, Meditation und praktische Umsetzung der Kraft der Liebe im Alltag.

Die Quintessenz des Wissens von Dionysius Areopagita befindet sich zusammengefasst in den *Himmlischen Hierarchien* von Pseudo-Dionysius. Nun kann man sich fragen, warum der Autor Pseudo-Dionysius und nicht Dionysius genannt wird? Weil dieses Buch im Jahre 533 geschrieben wurde. Dionysius lebte aber im ersten Jahrhundert n. Chr., somit hat er es also nicht geschrieben ... In der alten Zeit, etwa in den ersten Jahrhunderten des christlichen Zeitalters, wurde ausschließlich mündlich gelehrt. Erst im 16. Jahrhundert, als dieses Wissen Gefahr lief, verloren zu gehen, hielt ein entfernter Schüler Dionysius' es schriftlich fest. Ganz sicher hat also nicht der erste Dionysius dieses Buch geschrieben, allerdings so gut wie, denn zu jener Zeit hatten die Menschen nicht die gleichen intellektuellen Fähigkeiten wie heute. Sie respektierten die heiligen Worte ganz natürlich und wie selbstverständlich. Sie wurden nicht im Geringsten abgeändert. Der Autor hieß ebenfalls Dionysius, denn die Schüler übernahmen oft den Namen des Eingeweihten, der die Lehre weitergab. Im Laufe der Jahrhunderte gab es also mehrere "Dionysiusse", so wie man in einer anderen Epoche und an anderen Orten mehrere "Könige Arthur" zählte. Die Schriften des Dionysius wurden von einer ganzen Reihe bedeutender Theologen kommentiert. Im 9. Jahrhundert wurden sie von Scot Eriugena auch ins Lateinische übersetzt und wurden zu einer der Grundlagen der mittelalterlichen Theologie nach den Schriften des heiligen Augustinus.

Neben Dionysius habe ich mich auch von den ersten Kirchenvätern inspirieren lassen (von Justin, Basilius, Clemens von Alexandria und, etwas später, dem großen Thomas von Aquin). Diese erwähnten zum ersten Mal den Namen Schutzengel und gaben genaue Auskünfte zu dessen göttlicher Funktion.

Außerdem habe ich mich zeitgenössischeren Autoren wie Rudolf Steiner zugewandt, einem österreichischen Eingeweihten aus dem Anfang des 20. Jahrhunderts, gestorben 1925, der die *Anthroposophie* begründete und die *Christengemeinschaft* inspirierte. Meine drei Referenzbücher sind *Geistige Hierarchien und ihre Widerspiegelung in der physischen Welt* von Rudolf Steiner, *Vom Wirken der Engel* desselben Autors und *Mensch und Engel* von Hans-Werner Schroeder (Mitglied der *Christengemeinschaft*). Rudolf Steiner verstand es aufs Beste, das in Worte zu fassen, was mehr oder weniger unbewusst in meinem Herzen lebt. Ich verwende daher gerne seine Begriffe und Definitionen, gehöre jedoch keiner religiösen Bewegung, Gruppe oder Gemeinschaft an. Natürlich gibt es weitere Autoren und Wege, um sich ein Bild von Engeln zu machen. Das Studium des *Sephirot-Baumes* aus der jüdischen kabbalistischen Tradition zum Beispiel erbringt äußerst tiefgründiges Wissen über Engel. Ich kann hier nicht darauf eingehen, da ich ihn nicht genügend kenne, verstehe aber, wie inhaltsreich dieses Studium sein muss. Die genannten *anthroposophischen* Bücher waren für mich eine Grundlage, äußerst hilfreiche Referenzen, um mir selbst ein Bild von Engeln machen zu können. Mit der bloßen Lektüre gab ich mich allerdings nicht zufrieden, denn intellektuelles Studium allein reicht nicht aus, um eine Engelserfahrung zu erleben. So lange das Studium nur im Außen stattfindet, so lange wird es auch nicht zu etwas im Inneren Erlebten und führt daher nicht sehr weit. Man muss dieses Wissen meditieren, geduldig im Herzen heranreifen lassen, damit es zu einer Erfahrung wird. Zwar kann die innere Erfahrung nur mit vorherigem Studium gemacht werden, doch das Studium ist nicht Selbstzweck. Man muss darüber hinaus gehen. Kopf und Herz nehmen an der Suche teil, nicht nur der Kopf (das Studium) oder das Herz (das Empfinden), sondern beide zusammen, Hand in Hand, um es so auszudrücken. Durch Studium und Empfinden zusammen tritt mit der Zeit auch das Erlebte in Erscheinung. Somit fühlen wir uns allmählich von einer *Gegenwart* bewohnt, die uns leitet und beschützt: der *Gegenwart* des Engels im eigenen Selbst.

Die dritte Achse ist die Verinnerlichung der Kenntnisse durch Meditation.

Oft hört man, Meditation sei kompliziert und Yogis, Eingeweihten oder Praktizierenden spiritueller Bewegungen vorbehalten. Nichts davon ist wahr. Die Meditation ist etwas Einfaches und Natürliches, und ihre Ergebnisse gehen sehr tief. Durch intensive und kurze tägliche Praxis können wir effektiv unsere Erkenntnisfähigkeit entwickeln, unsere Denkweise transformieren und Zugang zu höheren Wirklichkeiten finden. Dieses Buch über den Schutzengel legt die Betonung auf den praktischen Aspekt der Meditation und schlägt verschiedene Methoden vor, die zu Hause geübt werden können, um allmählich die Gegenwart des Engels im eigenen Selbst und in den alltäglichen Beziehungen zu erfahren.

Die vierte Achse ist die praktische Umsetzung im Alltag.

Hinwendung, Lernen und Meditation müssen vom Willen zur Transformation des eigenen Selbst im Alltag begleitet sein. Rudolf Steiner sagte, dass man sich, wenn man einen Schritt auf dem Gebiet der Erkenntnis tue, gleichzeitig bemühen solle, drei Schritte auf dem Gebiet der moralischen Verbesserung zu tun. Jede Erkenntnis verlangt von uns, uns zu transformieren, indem wir dreimal mehr Bemühungen aufbringen als zur Erlangung dieser Erkenntnis nötig waren. Daraus ergeben sich drei Schritte: dreimal mehr Bemühungen ins Äußere als ins Innere. Die Bemühung ins Innere ist die Erlangung von Wissen, die Bemühung ins Äußere ist unser eigenes Wirken in der Welt, die Art, wie wir in Beziehung zu den anderen treten. Die spirituelle Suche muss von einer sozialen Weiterentwicklung begleitet sein. Die Stufe der sozialen Entwicklung gibt die innere Reife des Menschen auf seinem individuellen und spirituellen Pfad an, nicht etwa seine Kenntnisse oder seine Fähigkeit zu lehren, sondern vielmehr das Interesse, das er den anderen entgegenbringt. Wissen ist notwendig, um sich auf die richtige Weise (ohne Abhängigkeit, ohne Flucht vor sich selbst, ohne sich in den anderen zu verlieren usw.) für die anderen zu interessieren, doch es ist niemals Zweck in sich. Es ist lediglich das Werkzeug, mit dessen Hilfe man lieben und gleichzeitig die Freiheit jedes Einzelnen respektieren kann. Nur die Antwort auf die folgende Frage erlaubt es, die Bewusstseinsstufe oder den Grad der Spiritualität einzuschätzen: *"In welchem Ausmaß bin ich in der Lage, das Hauptproblem unseres Zeitalters zu lösen: die Polarität zwischen Individualität und Gemeinschaft?"*

Der Mensch ist eine Brücke zwischen Engel und Tier. Er muss diese Brücke erkennen, um vollständig Mensch zu werden: seinen Kopf zum Himmel heben (*seinen Kopf auf sein Herz legen*), um sich einerseits an das Göttliche zu erinnern und andererseits nicht seine instinktive Dimension zu ignorieren, indem er diese beherrscht.

Ganz allmählich seine eigene Menschlichkeit zu erbauen heißt, unaufhörlich zur Mitte, ins Gleichgewicht zurückzukehren, zwischen die Versuchung, sich für einen Engel zu halten und die, sich mit einem Tier zu identifizieren. Dieser Weg des Gleichgewichts, diese Brücke, die es zu erkennen gilt, ist voller Fallstricke. Wie oft haben wir uns gewünscht, den irdischen Gegebenheiten zu entfliehen, uns in andere Himmelreiche zu flüchten, uns für abgehoben zu halten und uns als reiner Geist zu verhalten, ohne auf unsere physischen und psychischen Dimensionen zu achten? Der *Angelismus* ist die erste Klippe auf dem Weg der Menschlichkeit. Er kommt aus dem Kopf und aus den Abstraktionen des Denkens. Der allein kopfgesteuerte Mensch will seine Füße nicht auf die Erde setzen, er ist gewissermaßen ein Mensch ohne Füße. Er verhält sich lieber so, als sei er ein Engel, aber im Grunde ist das so, als sei er der Meinung, Menschwerden sei zu mühsam, handelt es sich doch um eine Aufgabe, die ihn zwingt, einen Weg voller Hindernisse zu überwinden. Er lässt die Möglichkeiten, die ihm erlauben würden, ein besserer Mensch zu werden, ungenutzt vorbeiziehen, um sich schneller in einen Engel zu verwandeln, trotz aller Unvollkommenheiten, die er immer noch in sich trägt. Auf diese Weise wird er schneller die spirituelle Welt erreichen und sein Selbst spiritualisieren. Zwar wird er wie ein Engel werden, doch wird er auch weniger perfekt sein als er es hätte werden können, wenn er sich die notwendige Zeit genommen und sich die Mühe gemacht hätte, alle Möglichkeiten zu entwickeln, die ihm als Mensch zur Verfügung standen. Letztendlich wird er, da er kein makelloser Mensch war, auch kein makelloser Engel, sondern ein unvollkommener Engel sein.

Das andere Extrem ist die Identifikation mit dem Tier, die uns anhaftet und von der wir uns nur schwer lösen können. Die Arbeiten von Charles Darwin (1809-1882) und Gregor Mendel (1822-1884), dem Begründer der modernen Genetik, in denen es heißt, dass "der Mensch vom Affen abstammt", sind heutzutage vollständig im kollektiven Unbewussten verankert. Sie beeinflussen unsere Glaubenssätze und unser tägliches Verhalten, zumeist ohne unser Wissen. Es ist normal, ja sogar legitim geworden, sich wie ein *Tier* zu verhalten, da wir ja glauben, selbst welche zu sein. Zügellosigkeit der Leidenschaften und der Instinkte, Gewalt und Fanatismus sind die Konsequenzen aus der Identifikation mit unserer tierischen Seite und unserer Gefälligkeit ihr gegenüber. Der *Animalismus* ist die zweite Klippe auf dem Weg der Menschlichkeit. Er steigt aus dem Willen und den unbewussten Lebenskräften empor, die, nicht vom Denken geleitet, hervorbrechen und sich jeder Maßlosigkeit überlassen. Der Glaube, der Mensch stamme vom Affen ab, zerstört aufs Gefährlichste das Selbstbild des Menschen. Er meint, grundlegend von seinen Instinkten beherrscht und von den Bedürfnissen seines physischen Körpers konditioniert zu werden. Einzig der Notwendigkeit unterworfen, verliert er seine Willensfreiheit und das, was die Größe des Menschen ausmacht: seine Freiheit. Der Mensch, der sich einzig für physisch und instinktiv hält, verweigert die Möglichkeit zur Transzendenz. Er glaubt nicht, dass es möglich ist, sich selbst zu übertreffen, über sich selbst hinauszuwachsen, um einen höheren Aspekt des eigenen Selbst zu entdecken. Für ihn existiert nichts über dem Menschen, nichts Größeres, also keinerlei Möglichkeit, die eigene Natur zu verwandeln, besser und hochsinniger zu werden. Auf der sozialen Ebene sind die Konsequenzen eines solchen Glaubens äußerst schwerwiegend. Glaubt der Mensch nämlich, seinem tierischen Sein unterworfen zu sein, hat er keinerlei Grund, andere zu respektieren und kann sich in allen zwischenmenschlichen Dingen mit dem *Gesetz des Stärkeren* rechtfertigen: Zunichtemachen der Auffassung des einen zum Vorteil des anderen, Wettbewerb statt Zusammenarbeit usw. Die tierische Seite des Menschen ist unabdingbar für das Leben auf der Erde, denn sie ist das Element des Überlebens. Es ist angebracht, es an seinem Platz belassen zu können, sich fest darauf zu stützen, ohne es in den Kopf emporsteigen zu lassen und ihm dort die Führung zu erlauben. Es handelt sich um eine Wachsamkeit, die zu jeder Zeit im Kontakt mit anderen geübt werden muss: sich unentwegt an die eigene Menschlichkeit zu erinnern.

Das Gleichgewicht, das es zu finden gilt, befindet sich in der Mitte, im rhythmischen Teil des Herzens und der Lungen, an dem Ort, von dem das Gefühl ausgeht. Hier können Denken und Wille aufeinander treffen und den Menschen in seiner wirklichen Dimension wiederherstellen. Auf der Ebene des Herzens wird der Mensch zum vollkommenen Menschen, und an diesem Ort können weder *Angelismus* noch *Animalismus* ihn erreichen.

"Der Mensch ist weder Engel noch Tier, und das Unglück will, dass derjenige, der ihn zum Engel machen will, ihn zum Tier macht", sagte Pascal, ein französischer Mathematiker, Physiker und Philosoph aus dem 17. Jahrhundert. Wenn man Engel spielen will, wird man Tier, aber sicherlich nicht Mensch ... Dagegen ist es eine gute Sache, sich vom Bild des eigenen Engels inspirieren zu lassen, um das eigene Bewusstsein hin zu einem göttlichen Modell zu erheben, das den Wunsch in uns erweckt, uns zu verbessern.

Die Welt in einem Sandkorn sehen
Und den Himmel in einer wilden Blume;
Die Unendlichkeit in deiner Handfläche halten
Und die Ewigkeit in einer Stunde.

William Blake (1757-1827)

Kapitel 1

DIE GEGENWART DES ENGELS IM EIGENEN LEBEN

So weit man über Mythologien, Traditionen und Religionen seine Spuren in der Menschheitsgeschichte auffinden kann, scheint der Engel immer existiert zu haben, als ob er mit der Menschheit verbunden wäre oder sich hinter jeder Zivilisation, jedem Volk und später jedem Menschen ein Engel befände. Jede Tradition und Religion der Welt hat einen Begriff vom Engel: Hindus, Buddhisten, Griechen, Juden, Moslems und natürlich Christen, selbst wenn die Namen auf Grund der Sprache nicht identisch sind. Der Engel, vom griechischen *angelos*, vom lateinischen *angelus*, das das hebräische *messager* ausdrückt, ist ein geistiges, von Gott geschaffenes Wesen, dessen Hauptfunktion darin liegt, Gottes Botschafter zu sein.

Der Engel ist ein wohlwollendes Wesen. Er ist auch Beschützer und Wächter des Menschen. Er wacht über das schlafende Kind, über den Leidenden oder den Hilfsbedürftigen. Natürlich ist er unsichtbar, doch können wir ihn sehen, wenn wir nur die Augen des Geistes oder des *Kindes* in uns selbst öffnen. Er erhebt unsere Seele und gibt uns Flügel. Der Engel kann stark und hartnäckig sein. Zuweilen stellt er uns Herausforderungen in den Weg, wenn wir uns zu sehr von unserem Schicksal entfernen. Er rüttelt uns auf, setzt uns zu und kämpft mit uns, um uns zu helfen, ein neues Bewusstsein, mehr Liebe und Freiheit zu entwickeln.

Der Engel, auch *Sohn des Lebens, Geist der Dämmerung, Geist des Zwielichtes* oder *Göttlicher Botschafter* genannt, symbolisiert im Volksmund den Glücksstern oder Genius. Der Genius (vom lateinischen *genius*, eine geistige Wesenheit, die über das Schicksal jedes Sterblichen bestimmt) ist der Ratgeber, die Intuition, die Stimme eines überrationalen Bewusstseins.

Das Wissen über Engel, das im antiken Persien aufgekommen war, wurde während des babylonischen Exils (586-536 v. Chr.) in die jüdische mystische Tradition eingeführt. Die Juden, die diesen himmlischen

Wesen einen wichtigen Platz einräumen, sagen, dass Engel *aufrecht stehen, unbeweglich sind und nur ein Bein haben ...*

Die christliche Tradition, die ihre Wurzeln in der hebräischen Kultur hat, machte ihrerseits zahlreiche Anspielungen auf die Existenz der Engel. In der Ikonographie ähneln die Engel Menschen, die mit langen Mänteln bekleidet sind. Oft mit eher weiblichen Zügen ausgestattet, werden sie traditionell mit Flügeln dargestellt. Die Flügel, Symbole der Leichtigkeit, repräsentieren die Wirbel der Lichtenergie, von denen die Engelswesen umgeben sind.

Im Laufe der Jahrhunderte hat sich das Bild der Engel natürlich weiterentwickelt. Heute fehlt es nicht an den unterschiedlichsten Darstellungen sowohl in der Kunst, in der Literatur als auch im Kino. Die Engel werden immer *menschlicher* und ähneln am Ende jedem von uns. Sie sind real und Teil unseres irdischen Lebens. Ein Engel im Kostüm eines Menschen am Ende des 20. Jahrhunderts, bekleidet mit einem grauen Mantel oder mit Winterbekleidung gehört schon fast zum gewohnten Bild ...

So erlebt im deutsch-französischen Film *Der Himmel über Berlin* von Wim Wenders, der 1987 in die Kinos kam, ein Engel, der in jedem Punkt einem Stadtbewohner ähnelt, eine Liebesgeschichte mit einer Frau. Der Engel möchte sich inkarnieren, denn er will den Kontakt mit der Schwerkraft spüren; die junge Frau, eine Trapezkünstlerin, versucht, sich von der Schwerkraft loszulösen und *davonzufliegen.* Der Engel, der *hinabsteigen* will, und die junge Frau, die *aufsteigen* will, werden sich natürlich begegnen. In der neuen amerikanischen Version *City of Angels (Stadt der Engel)* mit Nicolas Cage passiert das Gegenteil. Eine junge Frau wendet sich verzweifelt an einen Engel, den sie bemerkt hat und den sie spüren will. Der Engel taucht in die Materie ein, und es folgt eine Liebesnacht voller Versprechungen. Doch bei Sonnenaufgang wird die junge Frau vom Tod ereilt und bekennt im letzten Atemzug: "*Wenn ich gefragt werde, was mir am besten gefallen hat, dann sage ich, das warst du."* Die Frau wird zum Engel, und er bleibt Mensch, Gefangener seiner allzu menschlichen Trauer.

Der Engel des ausgehenden 20. Jahrhunderts und Anfangs des 21. Jahrhunderts wird wie ein *normaler* Mensch dargestellt, ist jedoch zugleich *mehr* als der Mensch. Neben einem menschlichen ist er außerdem ein himmlisches Wesen, voller Liebe und Güte, mit universellem Wissen und übernatürlichen Fähigkeiten. Doch wozu werden Engel dann? Der Engel ist eine geistige Wesenheit, die zu einem Aspekt unseres *unbegrenzten Selbst* wird. An seinen Engel zu glauben bedeutet zu akzeptieren, unbegrenzte Fähigkeiten zu haben. Es bedeutet auch, im anderen den potenziellen Schöpfer zu sehen, dessen Träger er ist. Desgleichen bedeutet die Öffnung für die Möglichkeit der Unbegrenztheit im menschlichen Wesen auch eine Öffnung für die Gegenwart des Engels im eigenen Selbst und in den anderen. So kann man zu jeder Tageszeit einem *Engel* begegnen, der sich in Gestalt eines Menschen oder in einer anderen Form zeigt. Dann wird das Leben ganz anders, interessanter, lebendig und schöpferisch.

Eine ähnliche Erklärung der Verbindung zwischen Engel und Mensch findet man bei bestimmten griechischen Autoren wie Platon, Aristoteles oder Plutarch. Plutarch, ein griechischer Biograph und Moralist, der im ersten Jahrhundert lebte, erklärte, dass ein Teil der menschlichen Seele in den physischen Körper eintaucht und der andere, reinere Teil über dem Kopf des Menschen schwebt und wie ein Stern erscheint. Er nannte dies den *Daimon* (griechisches Wort mit der Bedeutung göttlicher Geist, das man als Bezeichnung für *den, der gewährt* interpretierte). Es handelt sich um ein den Menschen leitendes Wesen, und Plutarch sagte, der Weise folge gerne seinen Ratschlägen.

In *Die drei Begegnungen der Menschenseele** sagt Rudolf Steiner hierzu: *"Aber diese drei (Geist-Selbst (Höheres Selbst), Lebensgeist,*

Geistesmensch), die uns gewissermaßen erwarten in unserer Zukunftsentwicklung, sie stehen heute schon in einer gewissen Beziehung zu uns, wenn sie auch noch gar nicht entwickelt sind; denn sie liegen beschlossen im Schoße der göttlich-geistigen Wesenheiten, die wir als höhere Hierarchien kennen gelernt haben." Das, was aus dem Kopf kommt (wie Plutarch sagt), ist zugleich *Höheres Selbst* und Engel. Der Engel beschützt mit seinen Flügeln das sich ausbildende *Höhere Selbst.* So ist dieser Geist, den man mittels Hellsicht außerhalb des Kopfes sehen kann, nichts anderes als das *Geist-Selbst* in seiner Erarbeitung, das allerdings von einem Wesen der Engels-Hierarchie getragen wird.

Dies ist die große Revolution des 20. Jahrhunderts: Früher nahm man den Engel außerhalb des eigenen Selbst wahr. Er hatte den Auftrag Gottes, dem Menschen seine Botschaft zu übermitteln. Heute befindet er sich auch im Inneren unseres Selbst. Dies können wir erfahren. Der Engel ist gewissermaßen unser *leuchtender Doppelgänger*, unsere göttliche *Zwillingsseele*, die Widerspiegelung unseres tiefsten Wesens. Er ist unsere wahre Natur. Wenn er sich zeigt, dann ist das so, als ob er einen bisher nicht zutage gebrachten Bereich unserer selbst sichtbar machen würde. Er ist derjenige, der die Möglichkeiten wachruft, die im Inneren unserer selbst schlummern. Er ist da, um das Beste in uns zu wecken. Er gehört zur spirituellen Erfahrung jedes Einzelnen. Das eigene spirituelle Leben zu entwickeln bedeutet, auf der unaufhörlichen Suche nach Verbesserung des eigenen Selbst mit seinem Schutzengel in Kontakt zu treten.

Sich den Engel im Menschen vorzustellen kann überraschend, lächerlich, ja sogar beklagenswert erscheinen. Es geht jedoch nicht darum, Angelismus zu betreiben, wie wir ihn bereits in der Einführung erwähnt haben. Den Engel als im Menschen befindlich zu verstehen bedeutet nicht, Angelismus zu betreiben, sondern es ist das lobenswerte Bemühen, die menschliche Psyche zu erheben. Es ist der Wille, mit dem Leben in sich selbst wieder Kontakt aufzunehmen. Der moderne Mensch ist ja nicht mehr wirklich *lebendig.* So wie er in seiner Stadt eingeschlossen, am Computer- oder Fernsehbildschirm festgenagelt, im Auto, Büro oder in der Straßenbahn eingesperrt ist, ist der Mensch auch in seinem Kopf eingeschlossen! Sein Denken ist eingeschlossen, und der Engel ist ebenfalls in diesem eingeschlossenen Denken eingeschlossen. Denn der Engel dringt bis ins Herz des Wesens vor, er schleicht sich in unsere Gedanken, in unser Nervensystem, besetzt die Zellen unseres Blutes, nistet sich in den Winkeln unserer Psyche ein.

Der Mensch denkt, überlegt und gebietet. Der Engel seinerseits leistet ihm Gesellschaft und ist dabei meistens Gefangener der Eintönigkeit des begrifflichen Denkens. Er stirbt dort vor Langeweile und verkümmert geistig. Denn unser Denken hat zwar an Genauigkeit und Kohärenz gewonnen, doch gleichzeitig hat es Leben verloren, indem es sich von allem abgewandt hat, was vom Körper, von den Sinnesempfindungen und von den Gefühlen kommt. Auch hat es sich von der Mitte abgetrennt, vom Herzen. Der Engel aber braucht unser gesamtes Wesen, um eine Verbindung mit uns herstellen und sich befreien zu können.

Im Laufe der Jahrhunderte hat eine echte Spaltung von Denken und Lebensenergie stattgefunden (Empfinden, Handeln, sensorische Wahrnehmung). Diese Spaltung war notwendig, denn das intellektuelle Denken musste sich, um sich weiterzuentwickeln, von den mächtigen Kräften befreien, die in unserer Biologie, unseren Sinnesempfindungen und unseren Gefühlen wirken. Wir mussten zu einem reinen und objektiven Denken kommen, das von der Vorstellung, den Sinnesempfindungen und den Gefühlen in uns losgelöst war, indem wir uns auf den Weg der Abstraktion (Darstellungen, Konzepte) begaben. Heutzutage ist das abstrakte Denken so dominant geworden, dass die meisten Menschen eine echte Aversion gegen die Inkarnation (das Leben) empfinden und sich vorstellen, sie müssten sich von ihren Gefühlen abtrennen und sich von der sensorischen Wahrnehmung, dem Leben selbst, abwenden, um Gott zu finden.

Gott kann jedoch auch nicht allein durch das Leben, die Sinnesempfindungen und die Gefühle gefunden werden. Diese wurden sogar lange Zeit als Zugangsmittel zur spirituellen Welt abgelehnt. Im Orient ist die Sinnesempfindung Maya, die Illusion; im Okzident ist sie bis in die heutige Zeit hinein bevorzugtes Instrument der Versuchung, wird also bekämpft. Macht man demnach bei der physischen Wirklichkeit der Sinnesempfindung Halt, so nimmt man lediglich den physischen und somit starren Aspekt der Welt wahr. Weder das Denken allein noch das Leben allein erlauben eine spirituelle Erfahrung.

Der Engel, Gefangener unserer toten Gedanken, wartet auf seine Befreiung. Die Spaltung von Denken und Leben muss überwunden werden,

1. indem wir augenblicklich auf unsere Ansammlungen übernommenen Wissens verzichten, ohne jedoch die Kraft des klaren Denkens zu verlieren,

2. und uns gleichzeitig von unserer gefühlsmäßigen Sensibilität leiten lassen, ohne uns von ihr vereinnahmen zu lassen.

Es ist das Bestreben, Denken und Leben in einer höheren Synthese zu vereinen, auf der Ebene des Herzens. Hierdurch könnten wir unsere Erfahrungen integrieren, zur Weisheit, zu unserem eigenen Verstehen finden und die darunter liegende spirituelle Kraft aus ihrer Gefangenschaft befreien: eine Intelligenz, die vor allem auf der Erfahrung des Lebens beruht. Genau diese *Intelligenz des Herzens* ist die Kraft der Liebe des Engels in unserem eigenen Selbst.

Man tritt in Beziehung zum schöpferischen Element, also zum Leben, aber wie? Als Kinder verfügten wir noch nicht über begriffliches Denken, wir machten ganz einfach die Erfahrung des Lebens. In dieser Zeit befanden wir uns in sensiblen Prozessen, waren in ständigem Lernen begriffen und erlebten zutiefst alle Schmerzen und Freuden, die uns durch die Gefühle und Sinnesempfindungen zuteil wurden: als wir barfuß im Sand, in Wasserpfützen oder im Dreck herumliefen, als wir die Farben des Regenbogens oder des Sonnenuntergangs betrachteten, als wir die Sanftheit der Lippen der Mutter auf unseren Wangen spürten, als wir den Duft von nassem Gras einatmeten oder Angst vor Gespenstern hatten. Das innere *Kind* zum Leben erwecken, um sich an das Leben zu erinnern ... Sagt man nicht, dass nur Kinderaugen Engel sehen können? Der kleine Junge in seiner Wiege *lächelt den Engeln zu* und erzählt ihnen beim Einschlafen Geschichten.

Indem wir wieder an unsere Kindheit anknüpfen, indem wir uns an den Jungen oder das Mädchen erinnern, die wir waren, und indem wir diesen oft vergessenen oder unterdrückten Teil unserer selbst wieder ehren, öffnet sich eine erste Tür ins Leben. Das *Kind* in uns muss bewahrt werden, es muss wachsen und seinen Platz in unserem Herzen haben, damit wir jeden Tag mit aufmerksamen und staunenden Augen in die Welt schauen.

Der sternenklare Blick eines Kindes auf die Welt: Das ERSTAUNEN

Das Kindheitserleben wieder in uns erwachen zu lassen bedeutet, wieder zu staunen. Indem wir unseren staunenden Kinderblick wieder finden, treten wir in Beziehung zur Welt der Engel. Das Kind ist ein einfaches Wesen. Es glaubt an das Himmlische, weil sein Auge noch nicht von kalten und unpersönlichen Begriffen verdunkelt ist. Es kann die Wirklichkeit wahrnehmen, die sich hinter den Formen verbirgt. Es ist in der Lage, die unsichtbare Herrlichkeit hinter einem banalen sichtbaren Zeichen zu erkennen. Das Kind hat einen staunenden Blick auf alles, was es sieht und sieht weitaus mehr als jeder Erwachsene. Es hat

Zugang zum Wahrhaftigen und Wesentlichen jenseits allen Scheins ... "*Die großen Leute verstehen nie etwas von selbst, und für die Kinder ist es zu anstrengend, ihnen immer und immer wieder erklären zu müssen*", verdeutlicht Antoine de Saint-Exupéry (1900-1944) in *Der kleine Prinz.*

Es handelt sich ganz klar um Verstehen und Sehen. Zu lernen, über die jetzige Situation, das Verhalten des anderen oder des Objektes hinauszusehen. Das Leben dank der Fähigkeit zu staunen in seiner Tiefe und als Relief zu sehen. Wenn wir uns im Zustand des Erstaunens befinden, sehen wir *mehr* als jemand, der eine analytische Sichtweise hat. Wenn wir etwa über eine Blume staunen, nehmen wir nicht nur die Blume als solche wahr, sondern auch die kleinen Elementarwesen, die in ihr leben (Elfen, Feen usw.). Wir sprechen mit den Tieren, den Bäumen, den Steinen am Wegesrand und mit der Milchstraße. Wir enthüllen, was andere nicht zu sehen wagen, weil ihre Ängste, ihre Gewohnheiten sie zu sehr belasten. Das *Kind* ist Sprecher der Klarheit, es ist Auge ohne Projektion und prophetische Stimme.

Es geht also darum, seine Fähigkeit zu staunen wieder zu finden, diese kindliche Eigenschaft, die wir als Kinder besaßen und die wir verloren, als wir zu Vernunftwesen wurden. Der große Wissenschaftler Albert Einstein (1879-1955), der auch Künstler und Visionär war, sagte, ein Mensch, der nicht mehr staunen könne, habe praktisch aufgehört zu leben. Ohne Staunen ist keine Zukunft möglich.

Staunen bereitet darauf vor, über den Schein hinauszusehen. Es macht visionär. Das Leben erhält eine ganz andere Bedeutung, die Wesen, mit denen wir täglich verkehren, enthüllen ihr wahres Gesicht, und wir machen unsere Lebenserfahrungen in tiefem Verstehen. Dieses Erstaunen des Kindes finden wir, wenn wir die Welt mit dem Herzen und nicht rein mit intellektuellem Denken betrachten. Eine Intelligenz des Herzens zu entwickeln, aus dem eigenen Herzen ein Organ des Wissens zu machen - darum geht es. Das Herz muss gestärkt, genährt, erhört und gepflegt werden. Natürlich ist die Nahrung des Herzens nicht physischer Natur. Sie ist himmlisch und kann gefunden werden, wenn man aus der Sphäre des Heiligen schöpft.

Der Blick eines Priesters auf die Welt: Das Heilige und die Verehrung

Die Welt des Heiligen ist im Gegensatz zur profanen Welt die Sphäre des Unsichtbaren, des Geheimen, des Unverletzlichen. Mit den profanen Organen (den fünf Sinnen) und den üblichen analytischen Erkenntnismethoden, mit ableitendem Denken und Argumentation und Gegenargumentation erhält man keinen Zugang zu ihr, sondern vielmehr in der Stille und im Respekt vor dem, was größer ist als man selbst.

Das eigene Leben zu heiligen, läuft darauf hinaus, allem, was man wahrnimmt oder unternimmt, Tiefe zu verleihen. Es bedeutet nicht nur, darauf zu achten, was sich um einen herum ereignet, sondern auch zu versuchen, ins Innere der Dinge vorzudringen. Man bewahrt Gott im Geiste und *verbindet* alles, was man wahrnimmt, mit etwas Größerem und Transzendentem. Dies ist religiöses Handeln schlechthin (vom lateinischen *religare,* verbinden). Der Priester ist Wächter der *Religion:* Er beherrscht die Kunst, das Irdische mit dem Himmlischen zu *verbinden.*

Das eigene Leben zu heiligen, bedeutet, sich auf das innere Sehen des eigenen Engels vorzubereiten und sich zu bemühen, das Bewusstsein in Tätigkeiten oder Praktiken versenkt zu halten, die auf ein solches Sehen vorbereiten können. Wir wissen weder, in welcher Gestalt oder auf welche Weise der Engel bei uns ist, noch, zu welchem Zeitpunkt wir ihn wahrnehmen werden. Bereiten wir uns also vor, seien wir achtsam und kontemplativ. So entsteht eine innere Atmosphäre des Gebets, die durchdringend und umhüllend ist und die Stille und eine gewisse Langsamkeit erzeugt. Man lässt sich vom Geist erfassen, einem Geist, der in allem anzutreffen ist: in der Natur, im Menschen, in jedem Wort, in der Musik, in der Kunst. Es sind eine Reinheit und eine Leichtigkeit des Herzens vonnöten. Halten wir also nicht zu sehr an uns selbst fest, an den eigenen Fehlern und Unvollkommenheiten und denen der anderen, sondern erheben wir uns und den anderen stets in die heilige Dimension. Diese Leichtigkeit besteht nicht etwa darin, alles leicht zu nehmen, nachlässig zu sein oder allein positiv zu denken, sondern sie stützt sich im Gegenteil auf ein tiefes Vertrauen in die Güte des menschlichen Wesens.

Das Heilige ist eng mit Respekt und Verehrung verbunden. Verehrung bedeutet, die anderen und die Welt mit einem Respekt zu achten, der den Göttern und den heiligen Dingen gebührt. Die Etymologie verbindet dieses Wort mit Venus und dem Wunsch zu lieben. Wenn wir bereits in unserer Kindheit einen Begriff von Verehrung, von Respekt und von allem, was im größeren Sinne die Atmosphäre des Gebets genannt werden kann, erworben haben, ist die Dimension des Heiligen im Alltag leichter zu leben. Eine Erziehung, in der das Empfinden von Verehrung seinen Platz hatte, wirkt bis ins höchste Alter hinein fort und verwandelt sich in die Fähigkeit, zu segnen und die Früchte des Gebets um sich herum zu verteilen. Man verehrt das, was durch den anderen wirkt. Man respektiert sein Mysterium, das heißt seine unsichtbare und transzendentale Dimension. Die nicht wahrnehmbare Dimension des anderen lässt in uns ein Gefühl der *Furcht* entstehen, nicht im Sinne von Angst, sondern von Zurückhaltung: nicht in seine Sphäre vorzudringen, nicht aufdringlich zu werden, nicht seine leuchtende Entfaltung zu behindern. Einzig der allergrößte Respekt ermöglicht es, das unbegrenzte Selbst des anderen, also seine Engels-Dimension, wahrzunehmen. Wenn ein Mensch sich respektiert fühlt, kann er sich entfalten, seine himmlische Dimension enthüllen. Es wird möglich, den anderen zu erleben, dem Engel des anderen zu begegnen.

Ein Mensch, der nicht in Erstaunen und Verehrung vor dem lebt, was sich durch die Wesen oder die Dinge manifestiert, kann über ein rein intellektuelles Wissen nicht hinauskommen.

Verehrung ist ein Ausdruck von Liebe, die die Tore zum lebendigen Wissen öffnet und es uns ermöglicht, in die spirituelle Welt einzutreten.

Der Blick eines Königs auf die Welt: Schöpfer des eigenen Lebens

Nun kommen wir zu einer heiklen Stufe auf dem Weg zu unserem Engel. Den eigenen Engel zu erfahren oder den Engel des anderen wahrzunehmen ist stets mit einem großen Risiko der Illusion verbunden. Denn wie soll man wissen, ob das, was wir in uns selbst wahrnehmen, nicht einfach eine Schöpfung unseres Denkens oder unserer psychischen Welt ist? Wie können wir sicher sein, dass wir wirklich in Kontakt mit der spirituellen Welt treten und nicht mit unseren eigenen inneren Bildern?

Hierzu erklärt Rudolf Steiner, dass es tatsächlich schwer ist, das eine vom anderen zu unterscheiden, denn wenn wir mittels Meditation in unsere innere Welt vordringen, ist es unmöglich zu unterscheiden, was aus uns selbst und was aus der höheren Welt stammt. Was wir in unseren verborgenen Tiefen vorfinden, kann sich uns nämlich darbieten wie etwas, das außerhalb unserer selbst existiert. In gutem Glauben können wir dann die Bilder, die ganz einfach aus unserer inneren Welt stammen, für spirituelle Offenbarungen halten. Tatsächlich genügt es, den Wunsch zu haben, etwas zu sehen (auch unbewusst), um ein entsprechendes Bild loszulösen und in unser Bewusstsein aufsteigen zu lassen (bei einigen erscheint das Bild leichter als bei anderen, doch es geschieht immer auf diese Weise). Was wir dann wahrnehmen, ist eine einfache

Projektion unseres eigenen Innenlebens. Meistens rühren die Ereignisse aus unseren Begehrlichkeiten, Wünschen, Eitelkeiten, Ambitionen, kurz unseren Fehlern, die das Gefolge des menschlichen Egoismus' ausmachen. Wie soll man nun vorgehen, um zwischen diesen beiden ineinander verschachtelten Bereichen unterscheiden zu können?

1. Zunächst sollten wir alles als Ereignisse betrachten, die aus uns selbst hervorkommen,

2. dann Geduld entwickeln und sich die Zeit nehmen, Erfahrung zu sammeln, denn nur Erfahrung ermöglicht Unterscheidung.

3. Wir sollten uns mit dem Karma-Begriff vertraut machen (nicht nur daran glauben, sondern daraus ein Lebensprinzip machen).

Die Fehlerquelle liegt darin, unfähig zu sein, aus sich selbst herauszutreten, da wir so versunken in unserer inneren Welt sind. Um aus dieser Einkapselung herauszukommen, müssen wir gewissermaßen das geschlossene Gefäß erweitern, in dem wir leben. Hierfür müssen wir unsere Geisteshaltung ändern, in uns selbst aufnehmen, was aus dem Außen kommt. Wir müssen uns in die äußere Welt integrieren, es uns zur Gewohnheit machen, stets die Verbindung zwischen dem Erlebten und uns selbst herzustellen. Das gelingt uns leicht, wenn wir mit logischem Denken begreifen, warum uns eine bestimmte Sache widerfährt. Beispielsweise habe ich zu viel gegessen und leide ein paar Stunden später unter einer Magenverstimmung. Ich begreife also, warum ich krank bin: Meine Schmerzen stammen aus meinem Erlebnis, Ursache und Wirkung folgen direkt aufeinander. Es ist einfach, die Verbindung zwischen beiden herzustellen und auf das Erlebte zu reagieren, indem ich das Notwendige tue, um wieder gesund zu werden.

Fällt mir dagegen beim Verlassen meines Hauses ein Blumentopf auf den Kopf, wird es mir wesentlich schwerer fallen, das Erlebte zu akzeptieren, da ich ganz offensichtlich nicht die Ursache bin. Und doch ... Um meine Seele weiterzuentwickeln und die innere Wahrnehmung zu schulen, muss ich lernen, diese Art von Dingen, die aus dem Außen kommen, ohne eine direkte Verbindung zu mir zu haben, in mich aufzunehmen. Der Blumentopf, der da auf meinen Kopf fällt - ich bin die Ursache dafür, und er hat mir eine Botschaft zu vermitteln. Ich muss mich an die Vorstellung gewöhnen, dass ich gewissermaßen verantwortlich für das Fallen des Gegenstandes bin, zugeben, dass ich selbst diesen Blumentopf auf mich habe herunterstürzen lassen, um mir selbst etwas deutlich zu machen und **eine Antwort in mir selbst hervorzurufen.** Wie werde ich auf dieses Ereignis reagieren? Werde ich mich als Opfer fühlen oder versuchen zu verstehen, was mein Engel mir sagen will, und aus meinen inneren Quellen schöpfen, um so einen Teil meiner selbst zu enthüllen, der mir bislang verborgen blieb? Dies ist mit der Aussage gemeint, das Außen in sich selbst zu empfangen, sich mit dem Karma-Begriff vertraut zu machen und daraus ein Lebensprinzip zu machen.

Hierdurch gewöhnen wir uns daran, als hätten wir es so gewollt, in unserem gewöhnlichen Bewusstsein das zu sehen, was wir nicht gerne sehen möchten, was wir als "gewöhnlich" verabscheuen. Wir erweitern unser inneres Universum, indem wir die äußere Welt empfangen. Das zeigt sich psychisch dadurch, dass wir allmählich fähig werden zu unterscheiden, was aus unserer inneren Welt und was aus der spirituellen Welt kommt. Wir bringen uns in Einklang mit unserem Schicksal, aber auch mit der Geschichte der Welt, nicht in Widerspruch dazu. Wir fühlen uns als Schöpfer unseres Lebens.

Schöpfer des eigenen Lebens zu sein heißt, für sein eigenes Leben ver-antwort-lich zu sein. **Verantwortlich nicht im Sinne davon, bewusst alles verursacht zu haben, was uns widerfährt, sondern fähig zu sein, mit Intelligenz, Kreativität und Liebe darauf zu antworten.** Es bedeutet, sich als aktiv Handelnder im eigenen Schicksal zu erkennen und wie ein König die Wahl zu haben, wie man sich verhalten möchte. Wie auf das reagieren, was mir widerfährt? Indem ich mich selbst bemitleide und mich als Opfer fühle oder indem ich versuche zu verstehen und nach meinen besten Möglichkeiten zu reagieren? Damit bringt man sich in eine bestimmte Beziehung zum Schicksal oder zu dem, was Karma genannt wird.

Der König zeigt sein Königtum durch freies Verfügen über sein Schicksal. Es ist der eigentliche Sinn hinter der königlichen Natur, sich als Schöpfer des eigenen Schicksals zu fühlen und nicht wie ein Sklave die Gesetze des Karmas zu ertragen.

Leben als “Fährmann”: Das Sicheinfügen in einen größeren Plan

Auf der vierten Stufe geht es darum, sich als aktiv Handelnder in der Geschichte der Welt oder im Inneren des sozialen Netzes, in dem wir leben, wahrzunehmen; zu lernen, sich in den Entwicklungsgang der Welt einzufügen, als ob wir ein Glied einer großen Kette wären.

Ein “Fährmann” zu sein heißt, nicht mehr zu versuchen, sich abzusondern oder sich die Decke über den Kopf zu ziehen. Es bedeutet, auf das Bestreben zu verzichten, der Erste zu sein, der Gott erreicht, den anderen eine Lektion erteilen zu wollen oder alles besser zu wissen. Es heißt auch, aus freien Stücken ein *Mandala* mit zu zeichnen und sich in den Dienst des Ganzen zu stellen. Der “Fährmann” hört auf, um spirituelle Anerkennung zu kämpfen. Er widmet sich demütig dem Dienst am Werden der Welt. Er übt sich in gegenseitiger Hilfe, indem er lernt, anderen zu helfen und selbst die Hilfe der anderen anzunehmen.

Angefangen beim kleinsten Kieselstein, über Pflanze, Tier und Mensch bis hin zu den gesamten spirituellen Hierarchien ist nichts eine Insel:

Wir bilden einen Kontinent, wir sind eine Gesamtheit. Wir brauchen einander, und jeder von uns, wer er auch sei, kann seinem Nächsten auf dessen Lebensweg behilflich sein, und wenn auch nur für einen Moment.

Der Engel ist hier ein Modell. Ist nicht gerade er selbst ein Kettenglied zwischen Gott und Mensch? Die lange Kette, der er angehört, hilft uns, unseren Platz als menschliches Wesen im Universum besser zu verstehen und unsere rechtmäßige Rolle als "Fährmann" zu spielen. Wir können ihn nachahmen, indem wir jene lieben, die sich unter uns (die unteren Reiche: Mineralien, Pflanzen und Tiere), auf derselben Ebene (die anderen Menschen) und über uns (die Wahrheit, Gott) befinden; wir können uns auch darin üben, unsere Liebe auszudrücken, indem wir mit den anderen eine gemeinsame Aufgabe erfüllen.

Indem wir diese Geisteshaltung pflegen und unsere Seele die moralischen Qualitäten lehren, das heißt Erstaunen, Verehrung, Eigenverantwortung und der Wille zu helfen oder sich einem höheren Lebensentwurf zu widmen, erleben wir einen Zustrom von Kräften aus der spirituellen Welt. Wir öffnen uns ungezwungen den Einflüssen, die aus den Engels-Sphären kommen, und treten bewusst in Beziehung zu unserem Schutzengel.

Der Schutzengel und die Hierarchie der Engel

Von allen geistigen Wesenheiten, die das Himmelreich bilden, steht der Engel dem Menschen am nächsten. Er gehört der letzten der neun von Dionysius Areopagita klassifizierten Hierarchien an. In absteigender Reihenfolge gestalten sich die Hierarchien, die je nach Sprache andere Namen haben, folgendermaßen:

Seraphim	oder *Geister der All-Liebe*
Cherubim	oder *Geister der Harmonien*
Ophanim	oder *Geister des Willens*
Herrschaften	(griechisch *Kyriotetes*) oder *Geister der Weisheit*
Mächte/Kräfte	(griechisch *Dynameis*) oder *Geister der Bewegung*
Gewalten	(griechisch *Exusiai*; hebräisch *Elohim*) oder *Geister der Form*
Fürstentümer	(bei den Gnostikern *Aions*) oder *Geister der Persönlichkeit, Zeitgeister, Urbeginne*
Erzengel	oder *Feuergeister*
Engel	

Der Engel befindet sich also am unteren Ende der himmlischen Hierarchien und daher direkt über dem Menschen. Als Botschafter der spirituellen Welt stellt er die Verbindung zwischen dem Menschen und allen geistigen Wesenheiten her. In seinem Werk *Art de l'attention** erklärt Jean-Yves Leloup, dass wir durch den Engel die höchsten Wesenheiten bis hin zu den Seraphim spüren können, die auch *Die Glühenden* genannt werden. In unserem Herzen können wir manchmal ein Glühen, ein Mitgefühl, eine unendliche Liebe für alle Wesen spüren. Als der heilige Franz von Assisi von der Energie eines Seraphen besucht wurde, trug er daraus Stigmata hervor, Verbrennungen, die öffnen, die bewirken, dass der Mensch offen ist. Die Cherubim wiederum werden auch *Kinder* genannt. Sie werden als pausbäckige Kinderköpfe dargestellt, die nur aus kleinen Flügeln und einem Gesicht bestehen. Die Gegenwart der Energie eines Cheruben in unserem Herzen erfährt ihren Ausdruck in der *Stimme des Gewissens*. Durch sie fühlen wir Unschuld und Klarheit, und manchmal verleiht sie uns die Gabe der Weissagung.

Wir können auch noch andere Wesenheiten, etwa die Erzengel, spüren, wie Raphael, der uns der Heilung zuführt, einer Heilung, die wir selbst entdecken müssen, oder wie Widar, ebenfalls ein Träger der Kräfte der Unschuld. Der Schutzengel hilft uns auch, Michael zu spüren, den *Zeitgeist* unserer Epoche. Unter dem *Zeitgeist* ist eine reale geistige Wesenheit zu verstehen, die unsere gesamte heutige Zivilisation beeinflusst. Michael führt zurzeit jeden von uns. Er hilft uns, unser Denken zu transformieren: das Denken des Hirns in ein Denken des Herzens zu verwandeln. Er gibt uns den Mut, unsere inneren Dämonen (Trägheit, Illusion, Zweifel usw.) zu bekämpfen, um größere Freiheit zu erlangen.

Und schließlich hilft der Engel uns, die Erfahrung Christi zu machen, der jeden von uns zu höherem Bewusstsein und größerer Liebe hinführt. Der Engel setzt uns in Beziehung zu allen himmlischen Hierarchien bis hin zu Christus, als dessen Botschafter er handelt.

Wir begreifen, dass wir einer Gesamtheit angehören, die größer ist als nur das Reich der Menschen. Wir sind mit den geistigen Hierarchien verbunden. Unser Engel kann sich nur in dem Maße hin zum Reich der Erzengel weiterentwickeln, wie wir uns selbst hin zum Reich der Engel entwickeln. Dies gilt genauso für alle geistigen Hierarchien, die nur in dem Maße in ein höheres Reich aufsteigen, wie das niedrigere Reich aufgestiegen ist. Der Engel versucht, uns zu inspirieren, uns auf sich aufmerksam zu machen, damit wir ihn nachahmen und *wie er* werden. Zwar werden Menschen nicht zu Engeln, aber sie sind dazu berufen, zu einer Bewusstseinsebene aufzusteigen, auf der die Engel heute stehen. Dann können die Schutzengel zur Bewusstseinsebene der Erzengel aufsteigen. Der Engel ist daher keine Wesenheit, die nichts mit uns zu tun hat; er ist vielmehr wie wir Teil einer Evolutionskette, in der die Fortschritte des einen die des anderen bestimmen. Das Ziel liegt darin, dass wir, selbstverständlich bei voller Bewusstheit, zur zehnten geistigen Hierarchie werden.

Wie der Engel im Menschen handelt

Der Engel hat die spezifische Aufgabe, ***uns dabei zu helfen, uns zu transformieren, damit wir zu unserer göttlichen Seele oder unserem Höheren Selbst werden*** (oder esoterischer ausgedrückt, unseren Astralkörper in den fünften Körper zu verwandeln).

Er fordert uns dazu auf, uns dem menschlichen Archetypen anzunähern, indem wir zur Liebe in ihrer Unendlichkeit hinstreben. Der Engel lehrt uns, gottähnlich zu werden, uns selbst nach Gottes Bild zu formen, indem er in unsere Beziehungen eine Dynamik des Teilens im Respekt vor uns selbst und den anderen einfließen lässt. Lieben heißt, sich Gott nähern - können wir das anders als durch ein Annehmen des anderen, ohne Urteil oder Verurteilung, mit einem Herzen, das eifrig bemüht ist, ihn in seinem Anderssein zu akzeptieren? Können wir den von uns Empfangenen anders lieben als durch vorbehalt- und rückhaltloses Geben unserer selbst? Gibt es einen anderen Weg zu Gott als den, seine Brüder zu lieben? Die Aufgabe zu lieben kann übermenschlich erscheinen, und das ist sie auch. Sie ist das Werk eines ganzen Lebens, und um sie richtig zu erfüllen, ohne philosophische oder spirituelle Fluchten, benötigen wir Hilfe. Und hier fährt der Engel im wörtlichsten Sinne dazwischen und handelt dem Menschen gegenüber wie ein Führer auf diesem so schwierigen, aber doch so selig machenden Weg.

Der Engel ist also ein Pädagoge der Liebe, der uns hilft, auf immer vollkommenere Weise zu lieben. Er tut dies im Einvernehmen mit Michael mittels dreier Eigenschaften, die er nachts in unseren Astralkörper einfließen lässt:

- **Die Liebe zur Wahrheit (führt zur Freiheit)**

- **Das Streben danach, Verbindungen zwischen den Menschen zu schaffen und zu teilen (führt zur Gleichheit)**

- Das Geben unserer selbst (führt zur Brüderlichkeit)

Freiheit im Denken, Gleichheit im Gefühl und Brüderlichkeit im Willen: drei Kräfte, die es uns ermöglichen, eine Intelligenz des Herzens zu entwickeln und aus ihm ein Organ des Wissens zu machen, das uns mit der spirituellen Welt und unseren Mitmenschen verbindet.

Wir haben nur einen Schutzengel

Nur ein einziger Engel tritt in uns ein. Wir sind aneinandergeschweißt. Wir haben nur einen Schutzengel, und das ist auch gut so, denn der Engel ist Hüter unseres Schicksals; nicht nur Hüter dieses Lebens, sondern auch unserer vergangenen Leben und jener, die wir in Zukunft leben werden, bis wir in das Engels-Stadium aufsteigen. Er also, unser Schutzengel, begleitet uns von Leben zu Leben, von dem Zeitpunkt an, als wir noch *nicht menschlich* waren, das heißt ohne Selbstgefühl, bis zur Vollendung unseres Wesens in seiner menschlich-göttlichen Dimension. Aus diesem Grunde haben wir nur einen einzigen Schutzengel, denn als Hüter unseres Schicksals ist er unsere göttliche *Erinnerung,* er bringt unser Leben in Ordnung, um ihm eine genaue Richtung und Bedeutung zu geben.

Wir haben auch deshalb nur einen Schutzengel, weil wir heute ganz und gar Individuen sind. Der Mensch war in der Vergangenheit wesentlich weniger individualisiert als heute. Er hatte kein Bewusstsein dafür, ein *Selbst* zu sein, einzigartig und anders als alle anderen. Er definierte sich einzig über seine Familie, sein Volk, seine Stadt oder eine Gruppe. Er empfand sich als kollektives, jedoch niemals als individuelles Wesen, das sich von seiner Gruppe abhob. In unserer Zeit fühlt man sehr wohl, dass man vor allem man selbst ist, auch wenn man sich ebenfalls mit einer Familie, einem Volk, einer Rasse usw. identifiziert. Ab dem Zeitpunkt unserer Individualisierung erhält der persönliche Schutzengel seine volle Bedeutung. Da er ein einzigartiges *Selbst* hat, spiegelt der Engel, der sich um mein *Selbst* kümmert, diese Realität meines Wesens wider. Er kümmert sich ausschließlich um *mich,* so lange, wie es erforderlich ist.

Dies tut der Tatsache keinen Abbruch, dass noch viele andere Engel existieren, die keine *Schutzengel* sind. Es gibt Engel, die sich um Reisen kümmern, andere kümmern sich um Heilung oder wachen über Kinder, und viele weitere mehr. Einigen kabbalistischen Autoren zufolge existiert ein Engel für jede Stunde des Tages, für jeden Wochentag und für jede Dekade, wenn nicht sogar für jede Sequenz der fünf Grade des Tierkreises. Die jüdischen Mystiker lehren uns zum Beispiel, dass nicht weniger als zweiundsiebzig Engel existieren, die die 360° des Tierkreises abdecken (jeder der zweiundsiebzig Engel übt eine Regentschaft von fünf Graden auf dem Tierkreis aus: 5 x 72 = 360). So regiert der erste Engel, der Seraph Vehuiah, die ersten fünf Grade des Zeichens Widder; der zweite, der Seraph Jeliel, regiert die nächsten fünf Grade usw. Diese Engel sind jedoch gemeinsame Engel. Sie sind für alle dieselben und wachen über mehrere Menschen gleichzeitig.

Der Schutzengel ist eine Sonderkategorie. Er ist für eine bestimmte und einzigartige menschliche Individualität verantwortlich. Nur Menschen haben einen eigenen Engel; von Seiten der spirituellen Welt bedeutet das wirkliche Hochachtung ... Es ist wichtig, dieses unschätzbare Privileg anzuerkennen, um uns zu motivieren, uns die Mühe zu machen und eine Verbindung mit dem Schutzengel zu knüpfen. Schaffen wir es nicht selbst, diese Verbindung mit unserem Schutzengel herzustellen, wird das niemand anderes für uns tun. Natürlich gibt es *eingeweihte Hellsichtige,* die in Kontakt mit dem Engel eines anderen treten können, um zum Beispiel zu erfahren, was die Person benötigt. Hier handelt es sich um etwas anderes. Es widerspricht nicht der Tatsache, dass jeder Einzelne seine Beziehung zur spirituellen Welt selbst aufbauen muss.

Schließlich möchte ich betonen, dass es keinen Unterschied zwischen Schutzengel und spirituellem Führer gibt. In der spirituellen Welt ist Christus der Führer aller Führer, und die Engel dienen Christus. Der Schutzengel ist also unser individueller spiritueller Führer. Er kann uns in Beziehung zu anderen geistigen Wesenheiten setzen und uns auf der Erde mit Menschen zusammenführen, die in der Lage sind, uns dabei zu helfen, unser Schicksal zu ergründen.

Das Bewahren unseres Schutzengels

Manchmal höre ich Aussagen wie "Ich glaube, ich habe jetzt einen anderen Engel; ich glaube, es ist nicht mehr derselbe" usw. Ich würde eher sagen, dass eine Transformation und kein Austausch stattgefunden hat. Wenn man beginnt zu meditieren oder zu beten und die Gegenwart des Engels in sich selbst zu spüren, kann man einen Namen - den Namen des eigenen Schutzengels - oder eine bestimme Note hören oder aber eine bestimme Farbe oder eine bestimmte Vibration wahrnehmen. Dann, im Laufe der Monate, kann man den Eindruck gewinnen, dass dieser Name, diese Note oder diese Farbe nicht mehr dieselbe ist. So kann man zu dem Schluss kommen, der Engel sei jetzt ein anderer. In Wirklichkeit erkennt man ihn aber einfach nur besser, man ist ihm näher und hat eine genauere Wahrnehmung von ihm, was uns dazu bringen kann, seinen Namen zu ändern. In diesem Fall wird tatsächlich nur der Name geändert; der Engel bleibt derselbe. Es scheint mir daher vernünftiger, die Dinge im Sinne einer stärkeren Annäherung an den eigenen Engel zu interpretieren, statt zu sagen, man bekomme einen *anderen* Engel.

ZUSAMMENFASSUNG VON KAPITEL 1

Der Schutzengel ist nicht irdisch. Er ist unsichtbar und eine geistige Wesenheit der Güte. Er ist Gottes Botschafter und unser Beschützer.

Der Schutzengel ist auch ein Aspekt unseres unbegrenzten Selbst. In "seinen Flügeln" hält er das sich ausbildende Höhere Selbst.

Er hilft uns, Gott ähnlich zu werden, indem er mehr Liebe in unsere Beziehungen einbringt.

Den eigenen Engel wahrnehmen? Dies ist eine Frage des Blickwinkels ...

- der Blick eines Kindes auf die Welt: das Erstaunen
- der Blick eines Priesters auf die Welt: die Verehrung
- der Blick eines Königs auf die Welt: Schöpfer des eigenen Lebens

Der Engel gehört einer Gesamtheit von neun Engelschören an, von denen er die letzte Stufe zur Erde darstellt. Er befindet sich damit direkt über dem Reich der Menschen.

Wir haben nur einen Schutzengel, der uns von Leben zu Leben führt, der auch niemals wechselt.

ÜBUNG

Erste Fragen

1. Zum Engel

➤ Man weiß nie, wie ein Engel aussieht ... Versuchen Sie, sich vorzustellen, einen Schutzengel zu haben. Wie könnte er aussehen? Wie stellen Sie sich Ihren Schutzengel vor?

➤ Würden Sie akzeptieren, von Ihrem Engel Hilfe zu erhalten? Wie stellen Sie sich diese Hilfe vor?

➤ Ziehen Sie die Möglichkeit in Betracht, dass ein Unbekannter ein Engel sein könnte, der gekommen ist, um Ihnen seine Hilfe anzubieten. Bemerken Sie die Menschen, die im Alltag Ihren Weg kreuzen?

➤ Sind Sie noch nie einem Fremden begegnet, der außergewöhnlich war? (Beurteilen Sie die anderen nicht zu schnell und hören Sie jenen, die Sie kennen, auf eine neue Weise zu.)

➤ Was ist zu tun, um sich auf die Begegnung mit einem Engel vorzubereiten?

2. Ihr Blick eines Kindes

➤ Sind Sie noch in der Lage, in Ihrem Alltag zu staunen?

➤ Was versetzt Sie im Leben oder bei anderen in Erstaunen?

➤ Warum werden Sie von diesen Dingen oder Personen in Erstaunen versetzt? Werden Sie genauer.

3. Ihr Blick eines Priesters

➤ Welchen Platz räumen Sie dem Heiligen in Ihrem Leben ein?

➤ Schaffen Sie es, eine Verbindung zwischen der irdischen und der himmlischen Welt herzustellen? Mit anderen Worten: Können Sie die Gegenwart des Göttlichen in allem spüren?

➤ Was ist Ihrer Ansicht nach die Empfindung des Gebets?

➤ Sind Sie zu Verehrung fähig? Falls ja, im Hinblick auf was oder wen?

4. Ihr Blick eines Königs

➤ Haben Sie den Eindruck, Ihr Leben zu erleiden?

➤ Denken Sie bei Ihren alltäglichen Handlungen oft an die Konsequenzen dessen, was Sie tun?

➤ Glauben Sie, dass eine immanente Gerechtigkeit existiert? Zeichnen Sie die Ereignisse nach, bei denen Sie diese unsichtbare Gerechtigkeit beobachten konnten.

➤ Welche Schocks haben Sie in letzter Zeit erlebt, die Ihnen geholfen haben, sich weiterzuentwickeln?

5. Leben als “Fährmann”

➤ Wie setzen Sie Ihre Fähigkeit zur Liebe und Güte im Alltag um?

➤ Bieten Sie anderen bereitwillig Ihre Hilfe an, oder warten Sie lieber darauf zu nehmen, bevor Sie geben?

➤ Haben Sie Ziele, die über Ihr persönliches oder familiäres Leben hinausgehen? Welchen *größeren* Plan möchten Sie verwirklichen?

➤ Was ist Ihrer Meinung nach Solidarität? Hatten Sie bereits Gelegenheit, jemandem gegenüber Solidarität zu zeigen?

Wie oft wohl bin ich schon gewandelt
auf diesem Erdenball des Leids,
wie oft wohl hab ich umgewandelt
den Stoff, die Form des Lebenskleids?

Wie oft mag ich schon sein gegangen
durch diese Welt, aus dieser Welt,
um ewig wieder anzufangen,
von frischem Hoffnungstrieb geschwellt?

Es steigt empor, es sinkt die Welle –
so leben wir auch ohne Ruh;
unmöglich, dass sie aufwärtsschnelle
und nicht zurück – dem Grunde zu.

Christian Morgenstern (1871-1914)

Kapitel 2

DER ENGEL, HÜTER DES MENSCHLICHEN SCHICKSALS

Neben seinem physischen Körper besitzt der Mensch eine innere Wirklichkeit aus Gedanken und Gefühlen sowie allen Antrieben und Motivationen, die ihn zum Handeln drängen. Diese innere Welt ist unsichtbar, das heißt sie kann mit den physischen Sinnen nicht wahrgenommen werden: Man kann weder die eigenen Gedanken sehen noch den Ton der eigenen Gefühle hören, sie berühren, fühlen oder schmecken. Und dennoch wissen wir, dass diese Welt existiert. Warum? Weil wir sie tief in unserem Inneren erfahren. Mit unserem *Selbst,* unserem *Ich,* erforschen wir sie in uns selbst. Das *Selbst* macht die Erfahrung von Gedanken, Gefühlen und Antrieben, die mich zum Handeln drängen. Das *Ich* oder das niedrigere Selbst ist Träger des Bewusstseins und basiert auf der Fähigkeit, sich zu erinnern. Wir haben ein Selbstgefühl, wir wissen, dass die Dinge uns passieren, dass wir wir sind und nicht unser Nachbar.

Die heutige materialistische Wissenschaft zielt darauf ab, uns glauben zu machen, die innere Welt des Menschen sei Ergebnis seines physischen Körpers: Die Gedanken seien Absonderungen des Gehirns und die Gefühle Ergebnis hormoneller oder chemischer Wechselwirkungen.

Für einige Wissenschaftler stammt alles, was wir im Innern erfahren, aus dem physischen Körper. Wir weinen auf Grund chemischer Wechselwirkungen, die sich in unserem Körper abspielen. Traurigkeit ist also die Manifestation eines Ungleichgewichts bestimmter Körpersubstanzen. Den Grund für dieses Ungleichgewicht erklärt man uns jedoch nicht. Wer befiehlt dem Körper diese Wechselwirkungen, durch die unsere Augen weinen? Ganz sicher ist nicht der physische Körper Ursprung von Gedanken oder Gefühlen, sondern vielmehr das *Ich.*

Die Bedeutung der Individualität (des ICH) im Schicksal

Nicht unsere Gedanken, Gefühle oder unser Wille lassen uns existieren. Wir existieren unabhängig von ihnen. Das *Ich* erfährt die Dinge, denkt, hat Gefühle, Motivationen und Antriebe, die es zum Handeln drängen, und der Körper reagiert letztendlich darauf.

Der physische Körper ist das Instrument des *Ich*, das lediglich den physischen Körper formt, der so als dessen Entsprechung zu einem wirkungsvollen Handlungsinstrument in der Welt wird. Physiognomie, Gesten und Handlungsweisen sind Ausdruck des *Ich*.

Sicherlich kommen im Hinblick auf den physischen Körper auch bestimmte Faktoren wie Vererbung und Erziehung mit ins Spiel. Man ähnelt stets mehr oder weniger den Eltern und wird durch Erziehung geformt, doch es gibt einen Teil unserer selbst, der weder durch Vererbung noch durch Erziehung konditioniert wird: das *Ich.* Geschwister unterscheiden sich voneinander. Diese Unterschiede sind Ergebnis der Individualität, des *Ich.* So kann man selbst bei Zwillingen Unterschiede feststellen. Achtet man zum Beispiel auf ihre Gesten, zeigen sich Unterschiedlichkeiten bei den Bewegungen, beim Gang usw. Wir sind alledemnach verschieden, und das macht die Größe des Menschen aus.

Wir stammen aus der spirituellen Welt

Es bleibt noch zu erfahren, woher das *Ich* stammt. Warum bin ich ich? Warum bin ich, wie ich bin? Wie kann es sein, dass wir angeborene Fähigkeiten oder besondere Neigungen haben, die andere nicht haben?

Lehnt man den *Zufall,* der nichts erklärt, ab, dann kann man darauf kommen, dass das *Ich* wahrscheinlich eine Vergangenheit hat. Bei unserer Geburt kommen wir aus der spirituellen Welt und führen *Gepäck* mit uns. Wir kommen nicht ohne jede Erfahrung auf die Erde, sondern mit bestimmten Schätzen und einer genauen *Absicht* für unser Leben. Dies macht unseren *Genius* aus, den kennzeichnenden Charakter, der unsere Individualität formt und deren Originalität ausmacht. Wir existieren bereits vor unserem physischen Körper, und unsere angeborenen Neigungen kommen aus unserer vorirdischen Existenz. Aus diesem Grund können wir große Unterschiede zwischen den Kindern feststellen, die auf die Welt kommen.

In Wahrheit läuft die Vorstellung eines Vorlebens dem zuwider, was wir heute glauben. Wir sind nämlich bei dem geblieben, was die Kirche dazu sagte, da ein Vorleben oder *Ungeborensein* von den christlichen Religionen als ketzerisch bezeichnet wurde. Für sie existiert der Mensch ab der Geburt oder Empfängnis. Der Mensch muss jedoch eines Tages anerkennen, dass er bereits vor seiner Geburt oder sogar vor seiner Empfängnis existiert hat. Wie eine heilige Gabe muss er mit Ehrerbietung das annehmen, was ihm von den göttlichen Welten vor seiner irdischen Geburt zugewiesen wurde, um sich loszulösen und niemals unter den totalen Einfluss des Materialismus zu gelangen.

Zusammenfassend ist das, was wir in diesem Leben sind, Ergebnis dessen, was wir in der spirituellen Welt erlebt haben, bevor wir uns inkarnierten.

Das Prinzip der Rekapitulation der Ereignisse in der spirituellen Welt

Was geschieht, wenn wir sterben? Unser *Ich,* der geistige Teil unseres Wesens, steigt in die spirituelle Welt auf und wir lassen unseren physischen

Körper auf der Erde zurück. Die Erde nimmt den physischen Körper in Besitz, der sich in die Elemente auflöst. Das *Ich* seinerseits rekapituliert bei seinem Aufstieg in die Sternenwelt fast sofort das gesamte hinter ihm liegende Leben. Es zieht Lehren daraus, indem es rückwärts vom Tod bis zur Geburt auf die vergangene Existenz zurückblickt.

Die Rekapitulation in Gegenrichtung ist ein Gesetz der spirituellen Welt. In jener Welt verläuft die Zeit umgekehrt: Die Ereignisse finden von der Zukunft in die Vergangenheit statt, denn es handelt sich um eine Welt, in der alles auf Weiterentwicklung und moralische Verbesserung gerichtet ist. So rekapitulieren wir nach dem Tod unser Leben, denn die Rekapitulation erlaubt es uns, eine Bilanz zu ziehen, Fortschritte zu machen und uns weiterzuentwickeln. In der Zeit auf der Erde hat man es nicht allzu sehr mit Bilanzen zu tun, sondern eher mit Projekten, denn die stellen uns weniger in Frage. In der spirituellen Welt verhält es sich genau umgekehrt.

Bilanzen werden nicht nur nach dem Tod gezogen. Nachts, wenn wir in die spirituelle Welt aufsteigen, rekapitulieren wir in Begleitung unseres Engels den Tag und ziehen Lehren daraus. Natürlich dauert die Rekapitulation nach dem Tod wesentlich länger. Sie dauert die Zeit, die wir auf der Erde geschlafen haben, das heißt etwa ein Drittel unseres Lebens.

Die Rekapitulation ist eine Zeit der Reinigung und das, was die Christen das *Fegefeuer* nennen. Während dieses Aufenthalts werden alle unrichtig ausgeführten Handlungen beleuchtet, jedoch auch die nicht ergriffenen Möglichkeiten. Wir sehen vor allem diejenigen Situationen, in denen wir noch nicht frei waren, und die Abschnitte, in denen wir gelernt haben, Freiheit zu entfalten. Wir erleben die zu korrigierenden Verhaltensweisen und die Konsequenzen unseres Handelns. Wir ziehen also Lehren aus unserem Leben und bereiten das vor, was unser Schicksal sein wird, das heißt die großen Linien dessen, was wir in der

Zukunft leben werden, um unsere Vergangenheit zu bereinigen, aber auch, um unser Werden zu erschaffen. Diese Rekapitulation weckt in uns den Wunsch, besser, freier und liebender zu werden.

Mit Hilfe geistiger Wesenheiten, insbesondere des Schutzengels, fassen wir neue *Absichten*. Der Engel hilft uns, die großen Linien unseres nächsten Lebens zu zeichnen, und zwar im Einverständnis mit unserem *Höheren Selbst,* dem anderen Teil von uns, der sich nicht in der physischen Welt inkarniert, sondern in der spirituellen Welt verbleibt. Wenn wir sterben, steigen wir in die spirituelle Welt auf und treffen dort mit unserem *Höheren Selbst* zusammen, mit dem wir uns wieder vereinigen. So vereint bereiten wir unser zukünftiges Schicksal in Zusammenarbeit mit unserem Schutzengel vor. Der Engel wird Bewahrer unseres Schicksals, für dessen reibungslosen Ablauf er sorgen wird, wenn wir auf der Erde sein werden. Er ist der *Genius,* der uns den kennzeichnenden Charakter verleiht, der die Natur unserer Individualität und die Originalität unseres Lebens ausmacht.

Definition des Schicksals

Im Deutschen Wörterbuch Wahrig wird Schicksal beschrieben als alles, was dem Menschen widerfährt, eine das menschliche Leben lenkende Macht. Das Wort Schicksal stammt vom mittelniederdeutschen *schicken (ordnen, einrichten, bereiten).*

Die griechische Mythologie sah im Schicksal eine Macht, die höher stand als die Götter. So hatte das Schicksal, das über alle Dinge herrschte, beschlossen, Zeus werde eines Tages einen Sohn haben, der die Götter entthronen und vom Olymp verjagen werde. Dieser Sohn war Prometheus, der, weil der den Menschen das Feuer gegeben hatte, an eine Felsspitze des Kaukasus gekettet und dazu verurteilt wurde, dass ein roter Adler ihm seine Leber aushackte. Auch als Gott, der er ja war, konnte Zeus nichts gegen dieses Schicksal tun. Das Schicksal, eine souveräne Macht, die alles Geschehende vorgibt, wird bei den Orientalen *Karma* und bei den Christen *Vorsehung* genannt. Die Vorsehung ist das weise Regieren Gottes über seine Schöpfung, das auf deren letztendliche Vollendung gerichtet ist.

Zwar heißt es in Traditionen und Religionen, der Mensch sei zu jeder Zeit durch das Schicksal gebunden gewesen, doch der Begriff der Vorherbestimmung sorgt heute bei den meisten unserer Zeitgenossen für Unbehagen. Denn ein vorgegebenes Schicksal zu haben, scheint mit Freiheit nicht vereinbar zu sein. Aus diesem Grund lehnen viele Abendländer ganz klar die Vorstellung ab, sie könnten ein Schicksal haben. Wahr ist, dass ein Fehlen von Wahlmöglichkeiten für den eigenen Lebensablauf nicht mehr der Evolution entspricht. Wie soll man sich in Bezug auf diese essenzielle Fragestellung für die menschliche Existenz positionieren: Ist der Mensch frei oder unterliegt er einer Notwendigkeit?

Der Mensch ist zugleich frei und einer Notwendigkeit unterworfen. Er ist frei, weil er Schöpfer innerhalb der Grenzen jener Ziele werden kann, die er sich selbst gesetzt hat (in Bezug auf die Form, die er seinen Zielen geben wird), und nicht frei im Hinblick auf die im Zwischenleben getroffenen Vorsätze (in Bezug auf die Essenz seiner Ziele). Das Gleichgewicht zwischen Freiheit und Notwendigkeit kann mittels Verstehen und Entwicklung von Verantwortung erreicht werden. Durch sie wird der Mensch frei und schöpferisch, denn er erweist sich als fähig, aus seinen Fehlern Nutzen zu ziehen.

Jedes Schicksal verlangt vor allem, sich zu transformieren, besser zu werden, bestimmte Eigenschaften zu entwickeln, zu deren Ausdruck man sich im Zwischenleben verpflichtet hatte. Das Schicksal lädt dazu ein, uns selbst zum Ausdruck zu bringen, Schöpfer unserer selbst und der Welt zu werden.

Vermag man nicht, sich in die schöpferische Dynamik des Schicksals einzufügen, setzt man sich einem Ohnmachtsgefühl aus. Man hat den Eindruck, sein Leben zu erleiden und nichts vom tieferen Sinn der eigenen Existenz zu verstehen. Die Prüfungen des Lebens sind keine Bestrafungen, sondern Gelegenheiten, auf dem rechten Weg zu bleiben. Behält man zum Beispiel dieselbe Arbeit bei, obwohl alles darauf hindeutet, dass man die Stelle wechseln sollte, können Ereignisse eintreten, die dazu führen, dass uns gekündigt wird. Von außen betrachtet ist dies wahrscheinlich eine Gelegenheit, die uns die Erfüllung unseres Schicksals ermöglicht.

Das Schicksal braucht ein ganzes Leben, um sich zu offenbaren. Man muss es als langsame Metamorphose des Wesens betrachten, als eine Bewegung, eine Entfaltung, nicht nur in Bezug auf das gegenwärtige, sondern auch auf die vergangenen und zukünftigen Leben.

Jedes Schicksal beinhaltet eine bestimmte Anzahl notwendiger Prüfungen, damit das *Ich* Kraft und Entschlossenheit erlangen und sich dem *Höheren Selbst* annähern kann. Wir haben zum Beispiel eine Krankheit. Man kann sich sagen, das sei Karma, Schicksal: Vielleicht bereinigt man mit ihr etwas, das man in einem vergangenen Leben falsch gemacht hat, aber vielleicht lässt der Zwang zu kämpfen, um zu überleben, im eigenen Selbst auch eine Eigenschaft wie innere Kraft entstehen. In diesem Falle ist die Krankheit kein Ausgleich, sondern ein Mittel, um eine neue Fähigkeit zu erlangen. Es ist eine freiwillig im Zwischenleben getroffene Wahl, die nicht zwangsläufig aus einem Fehler im vergangenen Leben herrührt, sondern die auf das zukünftige Leben vorbereitet. Da das Schicksal zugleich Vergangenheit und Zukunft umfasst, darf man niemals voreilig Schlüsse ziehen, sondern muss dahin gelangen zuzuhören, sich gut in sein Herz einzufühlen, um vorauszusehen, ob man sich auf dem rechten Pfad, dem eigenen Lebensweg befindet, in dem Wissen, dass die Dachziegel, die einem auf den Kopf fallen, keine Bestrafungen, sondern Gelegenheiten zum Wachsen sind.

Sich seines Schicksals bewusst zu werden bedeutet nicht zu wissen, was man einmal werden wird (Pianist, Weiser usw.), sondern wie man es werden wird. Es bedeutet, das eigene Leben zu vervollkommnen, indem man willentlich daran teilnimmt, indem man versucht, ein Kunstwerk daraus zu machen.

Im Wirklichkeit besteht das Schicksal aus zwei Existenzformen: einer irdischen Existenz (zwischen Geburt und Tod) und einer himmlischen Existenz (zwischen dem Tod und einer neuen Geburt). Diese zwei Existenzen, die die Gesamtheit des menschlichen Lebens ausmachen, bedingen sich gegenseitig.

Der rote Faden, der die Verbindung zwischen den beiden Existenzformen darstellt, zeigt sich

- auf der Erde, wo das Leben nach den Verpflichtungen abläuft, die man in der spirituellen Welt sich selbst gegenüber eingegangen ist,

- in der spirituellen Welt, wo die Erfolge und Misserfolge des irdischen Lebens in Gelegenheiten und Fähigkeiten umgewandelt werden.

So wird das Schicksal, das in der spirituellen Welt geplant wurde, später auf der Erde gelebt, und das Leben auf der Erde ist eine Vorbereitung und das Fundament der himmlischen Existenz nach dem Tod.

Der Übergang zwischen spiritueller und irdischer Welt ist stets von Vergessen geprägt. Bevor er sich inkarniert (auf der Ebene der Mondsphäre, die dem Zeitpunkt der Empfängnis entspricht), trinkt der Mensch symbolisch das *Wasser der Lethe,* den Quell des Vergessens. Er verliert die Erinnerung an seinen göttlichen Ursprung, die kosmischen Welten, in denen er bisher gelebt hat, vergisst das Warum seiner Inkarnation, das, was er bereinigen und das, was er erschaffen will.

Dieses Vergessen der kosmischen Welten war in allen Zeiten und in vielen Traditionen bekannt. So heißt es in der Niddah 30b des Talmud (jüdische Überlieferung mit Geboten, die in Jerusalem und Babylon zusammengetragen und später zwischen 200 und 500 n. Chr. redigiert wurde), dass jeder Mensch als reiner Geist alles weiß, bevor er geboren wird. Bei der Geburt jedoch, sobald er das Tageslicht erblickt, berührt ein Engel ihn über dem Mund, und er vergisst alles. Fortan verbringt er sein Leben damit zu versuchen, sich an das zu erinnern, was er früher einmal wusste.

Auf Grund dieses Vergessens wird die Erinnerung an das menschliche Schicksal dem Schutzengel übertragen. Es ist der Engel, der Nacht für Nacht dem menschlichen Herzen all die *Inspirationen* zuflüstert, die das Individuum dorthin leiten sollen, wohin es sich begeben muss, um sein Schicksal zu erfüllen. Sich an sein Schicksal zu erinnern bedeutet, die Botschaften des eigenen Engels zu hören und zu befolgen, das heißt, die eigene Lebensrichtung wieder zu finden und dieser entsprechend zu handeln.

Verbinden des Schicksals mit der moralischen Absicht

Das Schicksal offenbart sich mittels der *Absicht,* die unserem gesamten Leben zugrunde liegt. Wir kommen mit einer *Absicht* auf die Welt, die ersonnen wurde, als wir uns in der spirituellen Welt aufhielten, und derer wir uns im Alltag nicht mehr bewusst sind.

Im Volksmund bedeutet "eine *Absicht* hegen", dass man sich einen bestimmten Vorsatz gemacht hat, dass es etwas gibt, das man erreichen, erzielen oder werden möchte. Sich ein Ziel zu setzen ist im Leben unerlässlich, denn dies lässt uns leben, gibt uns den Mut, jeden Morgen aufzustehen, um einen neuen Tag zu beginnen und unbeirrt unseren Weg zu gehen. Hinter unserem Vorsatz verbirgt sich das, was man *Absicht* nennen kann. Die *Absicht* ist der Motor unseres Lebens, selbst wenn sie uns fast nie bewusst oder klar formuliert ist. Diese besondere *Absicht* ist es, die uns trägt, uns schöpferische Kraft verleiht und dafür sorgt, dass wir uns entfalten. Ohne diese *Absicht* könnten wir nicht leben. Sie ist das, was unserem gesamten Handeln in der Welt, unseren Begegnungen und unserem Werden zugrunde liegt. Sie ist nicht materieller, sondern moralischer Natur.

Essen, Trinken, Schlafen, Arbeiten, Fortpflanzung oder bereichernde Beziehungen genügen nicht, um dem eigenen Leben schöpferische Kraft zu verleihen. Es sind weitere, tiefgründigere Motivationen individuellerer Natur vonnöten. Wir brauchen einen Sinn für unser Leben, eine *Absicht* jenseits der physischen und affektiven Bedürfnisse. Materielle Ziele wie Geld zu verdienen oder sich ein Haus zu bauen sind sinnentleert und tragen kein Leben in sich, wenn ihnen keine moralische *Absicht* zugrunde liegt, etwa, besser zu werden oder eine bestimmte Eigenschaft zu erwerben. In der moralischen *Absicht* verbirgt sich der Engel. Er ist in allen Projekten, Plänen oder Ideen moralischer Natur gegenwärtig. **Der Engel ist im Grunde eine moralische *Absicht*.** Man kann sogar sagen, dass das Wiederfinden der eigenen Lebens*absicht* darauf hinausläuft, mit dem eigenen Engel zu verschmelzen.

Es ist eine Gnade und ein Segen, die eigene moralische *Absicht* nachzuvollziehen. Diese Möglichkeit wird in unserer Zeit mehr und mehr zu etwas ganz Natürlichem werden, da wir uns im kulturellen Zeitalter des Wassermanns befinden. Jedem entschlossenen Menschen kann dies gelingen, wenn er nur an sich selbst arbeitet, lernt, betet und meditiert. Drei Achsen helfen dabei, den eigenen Lebenssinn wieder zu finden:

1. Die Öffnung des Herzens und die Entwicklung der Eigenschaften, die die Erinnerung an das eigene Schicksal begünstigen (siehe Kapitel 3).

2. Das Erlernen der Sprache des Engels (Entwicklung von spirituellem Denken durch meditative Lektüre und schöpferische Meditation, siehe Kapitel 4).

3. Die Vorbereitung der Nachtruhe durch Rituale und Gebet, um sich an die Begegnung mit dem eigenen Engel zu erinnern (siehe Kapitel 6).

Wenn es einem allmählich gelingt, sein allernächstes spirituelles *Ideal* zu entdecken, gewinnt man sozusagen einen zeitlichen Vorsprung, man wird gewissermaßen ein Pionier, denn der Engel handelt auf bewusste Weise durch einen selbst. Man arbeitet wirklich mit ihm zusammen. Heute ist das jedoch noch nicht der Fall, denn in den meisten Menschen kann der Engel nur auf unbewusste Weise handeln.

Wenn man sich das Symbol des Wassermann-Zeitalters anschaut, einen Engel, der Wasser ausschüttet und den man den *Wasserträger* nennt, möchte man vermuten, dass der Mensch zukünftig die Beziehung zum eigenen Engel auf wesentlich bewusstere Weise führen wird. Während des Wassermann-Zeitalters schüttet der Engel seinen *Quell des Lebens* über den Menschen aus, so wie er es bereits zuvor getan hat, jedoch mit dem Unterschied, dass der Mensch diesen *Quell* nun auf bewusste Weise empfangen kann. Dieser *Quell* ist nichts anderes als das angeborene und essenzielle **lebendige Wissen** der moralischen *Absicht*. Der Mensch des Wassermann-Zeitalters ist in der Lage, seine moralische *Absicht* mit wachem Bewusstsein zu fassen. Er kann mit wachsender Klarheit das vollbringen, was er bisher ohne klar zu sehen tat, denn ihm ist nun der Grund für seine irdische Inkarnation bewusst, wodurch sich ihm sein Lebensziel ganz natürlich erschließt, das *Ideal* seiner spirituellen Bestrebungen. Mehr und mehr von äußeren Zwängen losgelöst wird er immer mehr in der Lage sein, sich durch sich selbst zu bestimmen, und so stetig mehr Freiheit gewinnen. In dieser Hinsicht gilt das Sternzeichen Wassermann bei den Astrologen auch als Träger der Freiheit. Das lebendige Wissen der *Absicht* des Herzens, das in der Menschheit vorhanden ist, wird auf der Erde viel Gutes bewirken, denn die Menschen werden erfahren, wo sich ihr Platz hier unten befindet. Sie werden es mehr und mehr verstehen, ihren Platz zu finden, an ihrem Platz zu bleiben, am richtigen Platz zu sein und werden glücklich sein, sich dort zu befinden ...

Eine moralische *Absicht* zu haben bedeutet, den Willen zu haben, in sich selbst etwas aufzubauen und der Welt eine neue Qualität, Fähigkeit oder Möglichkeit zu geben, die wahrhaft, schön und gut ist. **In der moralischen *Absicht* hat man stets den Willen, etwas besser zu machen, Fortschritte zu machen. Man empfindet sich selbst als im noch nicht abgeschlossenen Werden befindlich,** und man arbeitet mit Entschiedenheit und Durchhaltevermögen daran, diese Fähigkeit in sich selbst zu erschaffen. Der innere Blick ist auf die Zukunft gerichtet. Die moralische *Absicht* sucht nicht nach Perfektion* als solcher, sondern nach Weiterentwicklung, eigener Verbesserung, danach, stets weiter und höher zu gehen. Wie Saint-Exupéry es so schön in *Die Stadt in der Wüste* ausdrückt: *"Auf die Haltung allein kommt es an. Denn nur sie allein ist von Dauer und nicht das Ziel ... Es kommt darauf an, dass du auf etwas zugehst, nicht, dass du ankommst."*

In der Freude daran, sich selbst zu verbessern, ist man lebendig, denn man bleibt im Werden, im ewigen und fortwährenden Werden. Das Neue, die Zukunft kann jeden Augenblick eintreten. Wenn man wirklich versucht, sich selbst zu verbessern, ist man in Kontakt mit dem eigenen Engel. Man bleibt demütig, offen für das Lernen und das Unbekannte, denn das, was man versucht zu erreichen, ist etwas Neues für das Selbst. Es gehört der Zukunft.

Zusammenfassend kann man also sagen:

Der Engel ist eine moralische Absicht
und zeigt sich in dem Willen, sich weiterzuentwickeln.

Das Problem des Vergessens oder des Gedächtnisschwunds

In jeder Inkarnation vergessen wir unsere Reise zu den Sternen und unser vergangenes Leben. Dieser Gedächtnisschwund bewirkt, dass wir auch nicht mehr in der Lage sind, uns an das Schicksal zu erinnern, das wir gewählt haben.

Im vergangenen Leben waren wir vollkommen anders als heute. Wenn man über Reinkarnation liest, stellt man oft fest, dass viele meinen, sie seien dem sehr ähnlich gewesen, was sie heute sind: Sie denken auf die gleiche Weise, wiederholen die gleichen Verhaltensweisen mit den gleichen Personen usw. Reinkarnation, Karma oder Schicksal dürfen aber nicht wirklich auf diese Weise verstanden werden. Ich bin zum Beispiel heute eine Frau, während ich vielleicht vorher ein Mann war; ich bin Weiße und war Inderin oder Inder; ich habe ein cholerisches Temperament und ich war phlegmatisch; ich dachte überhaupt nicht so, wie ich heute denke, das Selbstgefühl, das ich hatte, war auch nicht das gleiche; vielleicht verfügte ich in der Antike über Eigenschaften wie Hellsichtigkeit, die ich heute nicht mehr habe usw. Wenn ich mir selbst auf der Straße begegnen würde, würde ich mich wahrscheinlich gar nicht erkennen. Die Erde und die Zivilisation hatten zudem selbst auch ein gänzlich anderes Gesicht.

Darüber hinaus halten wir uns lange Zeit in der spirituellen Welt auf. Es ist ein Fehler zu glauben, dass man sich rasch reinkarniert, obwohl es Perioden in der Geschichte der Erde gibt, in denen die Menschen recht schnell wiederkehren. Zurzeit beispielsweise reinkarnieren sich die Menschen häufiger. Mehrere Seelen möchten sich inkarnieren, weil sie eine bedeutende Anzahl von Erfahrungen sammeln möchten, um ihr Bewusstsein zu entwickeln. Rudolf Steiner sagte, dass bestimmte Personen sich im 20. Jahrhundert zweimal inkarniert haben. Doch dies bleibt eine Ausnahme und betrifft eine begrenzte Anzahl von Seelen im Verhältnis zu allen jenen, die in diesem Augenblick inkarniert sind.

Generell halten wir uns nach unserem Tod durchschnittlich etwa tausend Jahre in der spirituellen Welt auf. Wir brauchen diese Zeit in der spirituellen Welt, um uns zu regenerieren und neue Fähigkeiten zu erwerben. Tausend Jahre sind ein langer Zeitraum, aber auch dies ist keine allgemeingültige Aussage, da bestimmte Seelen nur kurz in der Sternenwelt bleiben. Warum tausend Jahre? Weil die Erde sich in tausend Jahren vollständig verwandelt; die Lebensbedingungen ändern sich; man ist anders; man hat keinesfalls mehr dieselbe Denkweise, und man befindet sich nicht in derselben Welt. Man kann also versuchen, neue Erfahrungen zu machen. Dies ist auch der Grund, weshalb es so unendlich schwierig ist, sich an sein vergangenes Leben zu erinnern, denn mit unserem aktuellen Leben hat es nichts gemein.

Mit dem normalen Bewusstsein kann man sich denn auch nicht an seine vergangenen Leben erinnern, denn das *Ich* kehrt, auch wenn es unendlich ist, transformiert auf die Erde zurück und bringt die Früchte seiner vergangenen Erfahrungen mit. In diesem Leben kommen wir mit angeborenen Talenten auf die Welt, die aus einem vergangenen Leben stammen. Dieser Unterschied zwischen dem, was ich heute bin und der Person, die ich vorher war, ist es, der die Erinnerung an die eigenen vergangenen Leben so erschwert. Das *Ich* hat kein besonders großes, weit reichendes Gedächtnis, um sich erinnern zu können.

Erinnerung an unser Schicksal

Bis wir letztendlich ein ausreichendes Bewusstseinsniveau haben, bewahrt der Schutzengel die Erinnerung an unser Schicksal. Er kümmert sich um das Mysterium unseres Lebens, so lange wir noch nicht das innere Niveau haben, das es uns erlaubt, uns an unser Schicksal zu erinnern. Die Esoteriker vertreten die Meinung, das Ende unserer Inkarnationen werde bewirken, dass das *Ich* zum *Höheren Selbst* werden wird, das heißt dass das niedrigere *Selbst* sich transformieren und zum *Höheren Selbst* werden wird. Wenn dies geschieht, erinnern wir uns an unseren Übergang in die spirituelle Welt, an die Wahl unseres Schicksals und an unsere vorangegangenen Leben. Daraufhin wird der Schutzengel von seiner biografischen Mission befreit und kann zur Ebene der Erzengel aufsteigen. Der Mensch selbst wird damit in das Engelsstadium eintreten.

Sich zu bemühen, sich mittels Meditation zu seinem eigenen Engel zu erheben, ermöglicht es uns, dem Gedächtnisschwund ein wenig abzuhelfen, dessen Opfer wir alle sind: meditieren lernen, lernen, sich nach innen zu wenden, indem man das Denken mit dem Herzen verbindet, um das eigene Denken zu erhöhen, sich zu einem höheren Bewusstseinsgrad als dem normalen Wachbewusstsein erheben, es bis hin zum Engel erheben.

Doch selbst wenn wir diese Meditationsarbeit nicht durchführen, treten wir regelmäßig mit unserem Engel in Beziehung. Wir begegnen ihm jede Nacht auf unbewusste Weise, nicht in unseren Träumen, sondern in der Tiefschlafphase, in der wir uns an nichts erinnern. Wir begegnen also unserem Engel, der uns unser Schicksal zuflüstert. Er erinnert uns an unseren Lebensweg, die Entscheidungen, die wir im Zwischenleben gefällt haben, bevor wir uns inkarnierten, die Wahlen, die wir getroffen haben. Er bringt uns auf den richtigen Pfad zurück, und am nächsten Morgen haben wir alles vergessen, doch werden wir im

Laufe des Tages auf jemanden treffen, auf ein Buch stoßen, dies oder das unternehmen, und es wird unser Engel sein, der hinter diesem Zufall steckt, denn er richtet uns so aus, dass wir auf unserem Schicksalsweg bleiben und das tun, was wir zu erledigen haben.

Der Engel schickt uns dabei nicht nur angenehme Dinge. Er kann uns auch Prüfungen durchstehen lassen. Er kann uns zum Beispiel dazu antreiben, ins Auto zu steigen und einen Unfall zu haben. Er kann dafür sorgen, dass wir vergessen, die Haustür abzuschließen, so dass bei uns eingebrochen wird usw. Der Engel schickt uns das, was für unsere Entwicklung notwendig ist. Man entwickelt sich nicht nur mittels positiver Dinge weiter; manchmal sind Prüfungen vonnöten.

ZUSAMMENFASSUNG VON KAPITEL 2

Das Schicksal besteht aus zwei Existenzformen: einer irdischen Existenz (zwischen Geburt und Tod) und einer himmlischen Existenz (zwischen dem Tod und einer neuen Geburt).

Diese beiden Existenzen, die die Gesamtheit des menschlichen Lebens ausmachen, bedingen sich gegenseitig.

Der rote Faden, der die Verbindung zwischen den beiden Existenzformen darstellt, zeigt sich

- auf der Erde, wo das Leben nach den Verpflichtungen abläuft, die man in der spirituellen Welt sich selbst gegenüber eingegangen ist,
- in der spirituellen Welt, wo die Erfolge und Misserfolge des irdischen Lebens in Gelegenheiten und Fähigkeiten umgewandelt werden.

So wird das Schicksal, das in der spirituellen Welt geplant wurde, später auf der Erde gelebt, und das Leben auf der Erde ist Vorbereitung und Fundament für die himmlische Existenz nach dem Tod.

Der Übergang zwischen spiritueller und irdischer Welt ist stets von Vergessen geprägt. Bevor er sich inkarniert, trinkt der Mensch den Quell des Vergessens. Er verliert die Erinnerung an seinen göttlichen Ursprung und die kosmischen Welten sowie die Erinnerung an das Ziel seiner Inkarnation.

Der Engel ist eine moralische *Absicht:* Diese *Absicht* ist es, die jedem menschlichen Schicksal zugrunde liegt. Die *Absicht* zeigt sich in dem Willen, sich weiterzuentwickeln.

ÜBUNGEN

1. Das Bewusstsein im Herzen platzieren
2. Das Herz öffnen
3. Über das *Mantra ANAHATA* mit Ton und Stille experimentieren

1. Das Bewusstsein im Herzen platzieren

Für gewöhnlich befindet sich das Bewusstsein im Kopf. Das Bewusstsein im Herzen zu platzieren bedeutet, es vom Kopf hinabsteigen zu lassen, um es auf Brusthöhe zu versetzen, an die Stelle, die man aus esoterischer Sicht das Herz*chakra* nennt.

Chakra ist ein Wort aus dem Sanskrit mit der Bedeutung "Rad". Das *Chakra* ist ein Bewusstseinsorgan des *Äther*körpers (der insgesamt sieben Organe entlang der Wirbelsäule aufweist sowie zusätzlich eine ganze Reihe kleinerer Nebenorgane). So wie wir in unserem physischen Körper über Sinnesorgane verfügen, besitzen wir auch psychisch-spirituelle Organe im *Äther*körper. Es handelt sich um innere *Sinne,* die es uns ermöglichen, die spirituelle Welt zu *sehen* und zu *hören.* Allerdings befinden sie sich lediglich im Zustand der Möglichkeit. Nur die Entwicklung eines inneren Bewusstseins mittels Meditation erlaubt ihr Erwachen. Man kann sich die *Chakren* wie Blütenknospen vorstellen, die je nach der geistigen Entwicklung des Einzelnen die Form einer Energiespirale annehmen, die sich aufhellen und anfangen kann, sich um sich selbst zu drehen.

Das Herz*chakra* ist das vierte der sieben Haupt*chakren.* Es befindet sich in der Mitte der Brust zwischen dem vierten und fünften Rückenwirbel (D4/D5). Es ist mit Thymusdrüse, Herz und Kreislaufsystem verbunden. Ferner ist es Träger des *Ich* und des Selbstgefühls, der moralischen Eigenschaften und Tugenden namens Liebe, Mut, innere Kraft, Frieden, Schönheit, guter Wille und *Intuition.*

Das Bewusstsein im Herzen zu platzieren ist von vornherein nicht natürlich. Hierfür ist Konzentration erforderlich. Diese Anstrengung ist Grundlage jeder Meditation.

Vorgehensweise

➤ Setzen Sie sich zunächst bequem hin. Wenn Sie sich auf dem Boden am wohlsten fühlen, im Lotussitz oder mit gekreuzten Beinen, dann lassen Sie sich so nieder. Wenn nicht, setzen Sie sich auf einen Stuhl. Das Wichtige dabei ist, mit geradem Rücken zu sitzen und alles zu vermeiden, was störend für Ihre Konzentration sein könnte. Ich rate von einer liegenden Position ab, da sie das Einschlafen begünstigt.

➤ Schließen Sie die Augen und achten Sie zunächst auf Ihre Atmung. Konzentrieren Sie sich auf das Kommen und Gehen der Luft in Ihnen und atmen Sie in Ihren ganzen Körper: Atmen Sie so langsam wie möglich ein, ohne Zwang, ganz natürlich. Visualisieren Sie Ihren Atem, der durch die Nase eintritt, bis in Ihren Bauch hinabsteigt, bis hin zu Ihren Füßen, und atmen Sie dann langsam aus, wobei Sie Ihren Atem spüren, der von Ihren Füßen wieder aufsteigt und entlang Ihrer Wirbelsäule hoch bis zu Ihrem Kopf fließt, um durch die Nase wieder auszutreten.

➤ Stellen Sie sich vor, dass Sie Ihr Bewusstsein bis auf die Brust *hinabsenken*, indem Sie sich dazu Ihrer Atmung bedienen. (*Die Energie folgt dem Denken* ... wenn Sie an Ihre Brust denken, befinden Sie sich in Ihrer Brust.) Atmen Sie in Ihre Brust. Versuchen Sie so intensiv wie möglich zu spüren, dass Sie von Ihrem Herzen aus atmen. Sie können die Hand auf Ihre Brust legen, um Ihre Atmung an dieser Stelle besser zu spüren.

➤ Bleiben Sie einige Minuten lang auf Ihre Brust als Ort, wo sich Atmung und Bewusstsein befinden, konzentriert, indem Sie lang und tief atmen.

➤ Versuchen Sie beim Beenden Frieden und Liebe in der Mitte Ihres Herzens zu spüren, wobei Sie weiter auf Ihre Brust konzentriert bleiben.

➤ Nehmen Sie dann einige lange und tiefe Atemzüge, und kehren Sie ruhig in das Wachbewusstsein zurück, indem Sie wieder die Augen öffnen.

2. Das Herz öffnen

Diese Übung ermöglicht es, sich für die inneren Zustände zu sensibilisieren, wenn das Herz*chakra* sich schließt und öffnet.

Vorgehensweise

➤ Treten Sie tief in Ihr Herz*chakra* ein, indem Sie die Anweisungen aus der ersten Übung befolgen. Anschließend, wenn Sie sich im Herzen gut fühlen, in Frieden und entspannt sind, stellen Sie sich folgende Fragen, wobei Sie sorgsam darauf achten, was in Ihnen geschieht:

- Warum habe ich Angst in meinem Herzen?
  Ich habe Angst, weil ...

- Habe ich Liebe in meinem Herzen?
  Ich habe Liebe in meinem Herzen, weil ...

- Warum habe ich Traurigkeit in meinem Herzen?
  Ich habe Traurigkeit in meinem Herzen, weil ...

- Habe ich Freude in meinem Herzen?
  Ich habe Freude in meinem Herzen, weil ...

- Was spüre ich, wenn ich mein Herz verschließe?
  Wenn ich mein Herz verschließe, spüre ich ...

- Was spüre ich, wenn ich mein Herz öffne?
  Wenn ich mein Herz öffne, spüre ich ...

- Was braucht mein Herz, um sich ganz zu öffnen?
  Um sich ganz zu öffnen, braucht mein Herz ...

➤ Nehmen Sie einige lange und tiefe Atemzüge, und kehren Sie ruhig in das Wachbewusstsein zurück, indem Sie wieder die Augen öffnen.

3. Mit Ton und Stille experimentieren

ANAHATA ist das Sanskrit-Wort für Herz*chakra* und bedeutet "nicht angeschlagen".

Eine Zen-Geschichte aus dem Buch *Techniques ésotériques secrètes* von Osho Rajneesh illustriert perfekt dieses "nicht angeschlagen" und das, was im menschlichen Herzen vor sich geht. Hier ist sie:

Eines Tages kniete ein Junge vor dem Zen-Meister nieder, dem er diente, und bat ihn, ihm einen Meditationsgegenstand zu geben, wie er es bei den Besuchern des Klosters gesehen hatte.

"Einverstanden", antwortete der Meister lachend. "Versuche, den Ton des Schlagens einer Hand zu vernehmen. Komm mich besuchen, wenn du es geschafft hast."

Nach einer schlaflosen Nacht verkündete der Bengel:

"Ich hab's. Es ist die Hand des Windes, die die Bäume zerzaust."

"Nein", sagte der Meister. "Es ist keine Hand."

Das Kind kam regelmäßig mit der einen oder anderen Lösung wieder, doch alle wurden abgelehnt. Schließlich zeigte der Junge sich nicht mehr. Der Meister wartete lange Zeit. Eines Tages schickte er einige Schüler auf die Suche nach dem Kleinen:

"Findet ihn, er muss etwas entdeckt haben."

Die Schüler kehrten zurück:

"Wir haben ihn gesehen. Er sitzt unter einem Baum. Wir trauten uns nicht, ihn zu stören. Er sieht aus wie ein Baby-Buddha!"

Der Meister begab sich zu Füßen des Kindes:

"Du hast es also vernommen."

"Ja", antwortete der Junge. "Ich habe es vernommen, es ist die Stimme der Stille."

Zur Übung mit dem Ton ANAHATA

Die langsame und mehrmalige Wiederholung von *Anahata* kann dem Herzen helfen, sich mit dem Vokal A und dem Konsonanten T zu öffnen, die, wenn sie zusammen ausgesprochen werden, eine echte Wirkung auf den *Äther*körper haben.

Vorgehensweise

- Treten Sie tief in Ihr Herz*chakra* ein, indem Sie die Anweisungen aus der ersten Übung befolgen.
- Spüren Sie, wie alle Ihre Sinne sich nach innen wenden und sich auf Ihr Zentrum des Friedens und der Liebe richten.
- Konzentrieren Sie sich auf das *Mantra ANAHATA ... ANAHATA ... ANAHATA ...*
- Wenn Sie sich bereit fühlen, sprechen Sie es mehrere Male mit lauter Stimme aus, wobei Sie jede Silbe artikulieren und auf "TA" ausatmen.
- Lassen Sie nach einigen Wiederholungen den Ton weg. Nehmen Sie die Stille jenseits des Tons wahr. Tauchen Sie in die Stille Ihres Herzens ein. Hören Sie ihm in Ihrem Inneren zu.
- Nehmen Sie dann einige lange und tiefe Atemzüge, und kehren Sie ruhig in das Wachbewusstsein zurück, indem Sie wieder die Augen öffnen.

Der Engel der Elegien ist dasjenige Geschöpf,
in dem die Verwandlung des Sichtbaren in Unsichtbares,
die wir leisten,
schon vollzogen erscheint.

Rainer Maria Rilke (1875-1926)

Kapitel 3

ERINNERUNG AN UNSEREN GENIUS

Vor zweitausend Jahren sprach Johannes der Täufer zu seinen späteren Täuflingen: "*Kehrt um, denn das Himmelreich ist nahe herbeigekommen.*" Er verkündete, das *Himmelreich* sei von nun an im Herzen des Menschen zu finden. Mit "*Kehrt um*" prophezeite er das Herannahen eines Zeitalters, in dem der Mensch seinen Blick von außen nach innen richten und Gott in sich selbst und nicht mehr außerhalb seiner selbst finden würde.

Johannes der Täufer, der Prophet der Neuzeit, verkündete die dritte große Phase, die das menschliche Bewusstsein durchlaufen musste:

- Die erste Phase war der Polytheismus, als der Mensch viele Götter verehrte, die er in der Natur wahrnahm (vom Mond über Totem-Tiere, Bäume und Wasser bis hin zu den Bergen).

- Die zweite Stufe, die von Abraham begründet wurde, war der Monotheismus: ein einziger Gott, der nicht sichtbar und nicht darstellbar war.

- Die dritte Phase ist das Christentum, in dem der einzige Gott im Menschen verinnerlicht ist. Zweitausend Jahre nach der Ankunft Christi beginnen wir gerade erst damit, diese Erfahrung zu machen. Das Christentum gehört der Zukunft. Erst in den nächsten Jahrtausenden wird es zu seiner vollen Entfaltung gelangen.

Johannes der Täufer lädt die Menschen dazu ein, das Gottesbewusstsein in ihnen selbst zu pflegen. Man muss dahin gelangen, mit dem Wachbewusstsein zu spüren, dass die Göttlichkeit im eigenen Herzen wohnt. Das bedeutet, aufzuhören, den Retter im Außen zu suchen und unser Vertrauen in die Hand fremder Götter und Idole zu legen ... Jeder Einzelne trägt seine eigenen Antworten bereits in sich. Er ist allein sich selbst gegenüber verantwortlich und muss sich keiner äußeren Autorität unterwerfen. Jeder muss lernen, die eigene Göttlichkeit, den eigenen Genius zu entdecken.

Der Engel an sich ist heute wie ein *Doppelgänger,* eine rätselhafte Macht, die aus unseren Erfahrungen hervorgegangen ist. So leben wir zwischen einem *schwarzen Engel* und einem weißen Engel, zwischen Schattengeist und Lichtgeist. Die religiöse angelologische Bildertradition hat schon immer den Menschen in Begleitung von zwei Engeln zu beiden Schultern dargestellt, einem guten und schönen Engel und einem in Versuchung führenden und bösen Engel, der darauf aus ist, den Schutzengel abzulenken, um seinen Schützling dazu zu verleiten, in Sünde zu verfallen. Der böse Genius versucht, uns in unserer Vergangenheit festzuhalten, im Altbekannten, in unseren Gewohnheiten, Verhaltensweisen, Ängsten und unserem Unwissen (Lüge: falsche Wahrheit, falsche Freiheit usw.). Er ist die Macht der Trägheit und des Vergessens. Er zielt darauf ab, aus uns kollektive Wesen zu machen, *Schafe,* die sich von Sicherheit und Anerkennung nähren. Der gute Genius dagegen lässt uns der Zukunft, dem Unbekannten, Wahrheit, Freiheit und Brüderlichkeit begegnen. Er ist die Macht der Initiative und der Erinnerung. Der gute Genius hilft uns, wir selbst zu werden, vollkommen individualisiert unser Lebensziel zu verwirklichen. Er erinnert sich für uns an unsere Zukunft, an das, was wir noch werden. Er ist unser Tröster im Angesicht der Einsamkeit, des Unverständnisses der anderen und der Verantwortung, die wir für unser Schicksal übernehmen müssen.

Der böse Genius hat einen sicheren Vorteil über den guten, denn er macht sich auch dann bemerkbar, wenn wir ihn nicht eingeladen haben. Wenn wir uns leben lassen, ohne uns selbst zu bemühen, ohne uns selbst verbessern zu wollen, nimmt dieser verlogene Geist den gesamten Raum ein. Er dirigiert unser Leben. Er sorgt dafür, dass wir passiv unsere Gewohnheiten und Verhaltensweisen akzeptieren, denn selbst wenn wir unsere Versäumnisse erkennen und sie auch bedauern, vergessen wir rasch und verhalten uns weiter nach unseren alten Gewohnheiten. Der böse Genius treibt uns dazu, uns selbst sowohl zu über- als auch zu unterschätzen. Er vergnügt sich mit dem Bewusstsein, das wir von uns selbst haben. Seine Aufgabe ist nicht, uns dabei zu helfen, uns selbst wirklich kennen zu lernen, sondern vielmehr, das Hindernis zu sein, das uns davon abhält zu erfahren, wer wir sind. Ständig bringt er sich ins Spiel und täuscht uns wieder und wieder ...

Im Gegensatz dazu tritt der gute Genius nur in unser Leben, wenn wir ihn freiwillig und von ganzem Herzen anrufen. Niemals wird er da sein, wenn wir ihn nicht darum gebeten haben. Der gute Genius ist unser Schutzengel. Er birgt die Versprechungen unserer Zukunft in sich und hält uns stets dazu an, aktiv daran mitzuwirken. Er wünscht sich, dass wir zusammenarbeiten und nicht passiv, unterwürfig oder sklavisch sind. Der Weg des weißen Engels ist lange nicht so bequem wie der des schwarzen Engels, denn beim guten Genius muss man sich um Transzendenz bemühen, was beim *Doppelgänger* nicht der Fall ist, der uns in Frieden auf dem ausruhen lässt, was wir von uns selbst, den anderen und der Welt wissen.

Transzendenz

Transzendenz ist die Fähigkeit, sich über sein gewöhnliches Niveau erheben zu können, um aus den eigenen verborgenen oder hoheren Quellen zu schöpfen. Es handelt sich um spirituelle Quellen, die in jedem von uns, in unserem Herzen vorhanden sind, und die gewissermaßen von unserem Schutzengel und unserem *Höheren Selbst getragen* werden. Wenn man transzendiert, überschreitet man die bekannten Grenzen der Persönlichkeit, um sich über sich selbst hinaus zum eigenen Engel zu erheben. Wir erhalten aus der spirituellen Welt Heilungskräfte, die es uns erlauben, uns etwas Neues anzueignen (eine andere Verhaltensweise, eine Vision über ein anderes Leben usw.).

Es gibt im Leben immer Momente, in denen wir transzendieren und dies auch müssen, besonders wenn wir sehr tiefe Gefühle wie Mitgefühl, Liebe, Freude und Frieden empfinden, aber auch, wenn wir *Prüfungen* durchstehen und unsere Familie ihr Gesicht verändert (Krankheit, Arbeitsplatzverlust oder Verlust eines geliebten Wesens usw.). In diesem Fall sind wir gezwungen, unser bekanntes Terrain zu verlassen, herauszutreten aus dem, was wir über uns selbst wissen, um ein neues Element zu integrieren. Unsere Trauer, Verzweiflung oder Furcht weckt höhere, verborgene Kräfte in uns, und diese helfen uns, die Prüfung allmählich zu bewältigen. Jedes Mal, wenn wir transzendieren, empfangen wir die Zukunft in uns und werden stets ein bisschen mehr zu unserem *Höheren Selbst.*

In dieser Transzendenz findet man den eigenen Genius wieder, in dem Willen, über sich selbst hinauszuwachsen und jeden Tag ein kleines Stück weiterzukommen. Beim Wort Genius oder Genie denkt man gewöhnlich erst einmal an Künstler, an große Wissenschaftler wie Einstein. Man sagt, diese Menschen seien Genies. Ihre Fähigkeiten sind so herausragend, dass man ihre übernatürliche Dimension erkennt. Sie sind gewissermaßen Beispiele, Modelle, die andere Menschen ermutigen, sich selbst zu verwirklichen. Die einzigen sind sie jedoch nicht, denn jeder Mensch, wer er auch sei, hat seinen Genius, hat Wünsche und extrapersönliche Fähigkeiten, die ihm ein besonderes Schicksal zuteil werden lassen. Es liegt allein an ihm selbst, daran zu arbeiten und sich die notwendige Mühe zu machen, um den Genius in seinem Leben Wirklichkeit werden zu lassen.

Dieses Bemühen kann sich an drei Achsen verbunden mit Denken, Empfinden und Wille orientieren:

1. das Bemühen, sich zu erinnern (mit dem Denken verbunden),
2. das Bemühen, mutig zu sein (mit dem Empfinden verbunden) und
3. das Bemühen, sich selbst und seinen Nächsten zu lieben (mit dem Willen verbunden).

Die Macht der Erinnerung

Man erinnert sich an seine spirituelle Natur und sein Schicksal, indem man sein Denken transformiert.

Das Lernen, und zwar ein nicht intellektuelles Lernen, bei dem Denken und Herz vereint sind, ist die erste Pforte. Das Sprichwort "*Das Herz kennt Gründe, von denen der Verstand nichts weiß*" mit der Aussage, das Herz könne man nicht mit dem Verstand verstehen, gilt hier nicht mehr. Ganz im Gegenteil muss man versuchen, Herz und Verstand miteinander zu verbinden, in sich selbst den heiligen Bund zwischen Denken und Herz zu schließen.

Diese Vereinigung ist ganz und gar nicht natürlich, da Herz und Verstand nun einmal zwei gegensätzliche Prinzipien sind. Es ist also ein besonderes Bemühen erforderlich. Wie sieht dieses Bemühen nun aus?

Es ist ein Bemühen, das mit Lernen und Konzentration beginnt, ein besonderes Lernen, durch das man universelles Wissen erlangt. Das Studium von Fragen, die uns selbst übersteigen, die größer sind als wir selbst, die sich nicht auf unser Leben beziehen und noch nicht mal etwas mit unserem Alltag zu tun haben, macht unser Denken flexibler und offener. Es geht darum, spirituelles Wissen über die Entwicklung der Erde, über die Wesenheiten der spirituellen Welt usw. aufzubauen. Sich für Fragen zu interessieren, die uns übersteigen und nichts mit unserem derzeitigen Leben zu tun haben. Dieses Lernen verlangt die Bekämpfung des eigenen Egoismus', weil wir gezwungen sind, auf unsere alltäglichen Beschäftigungen zu verzichten, um uns Themen zuzuwenden, die unser Leben nicht direkt betreffen.

Das Denken ist das egoistische Element unseres Wesens schlechthin. Durch das Denken sind wir von allem und jedem getrennt, perfekt in unserem Hirnkasten isoliert. Das ist an sich nichts Negatives, denn wir brauchen es ja, um uns unserer selbst bewusst zu sein. Wenn wir zum Beispiel einen Baum betrachten, ist es das Denken, durch das wir wissen, dass wir nicht selbst der Baum sind, dass wir uns von ihm abgrenzen. Aus diesem Blickwinkel ist es positiv zu wissen, das es uns selbst und den Baum gibt, dass wir nicht der Baum sind; gleichzeitig ist es für uns aber notwendig zu spüren, dass wir eine Verbindung zu dem Baum haben. Wenn wir diese Verbindung nicht spüren, können wir ihn leichthin zerstören. Diese Zerstörung macht uns nichts, da der Baum ja keinerlei Verbindung mit unserem Selbst hat. Auf Grund der Tatsache, dass er einzig in seinem Kopf existiert, in seinem Denken, zerstört der Mensch heute seinen Planeten, ohne sich darüber klar zu werden, dass er sich dabei selbst zerstört.

Die Verbindung kommt mit dem Herzen zustande. Allerdings kann man nicht ausschließlich sein Herz benutzen, denn ohne die Hilfe des Denkens würden wir mit dem Baum verschmelzen, wir würden selbst zu diesem Baum. Zwar ist das Herz das Element der menschlichen Natur, das alles, von dem es umgeben ist, einschließt, sich damit vereint und damit verschmilzt. Doch mit dem Herzen allein verliert man das Selbstgefühl und wird zu allem, was einen umgibt. Man hat ein symbiotisches Bewusstsein wie Babys oder Tiere.

Diese beiden Seinsarten, die uns einerseits dazu antreiben, uns von den anderen abzugrenzen und uns andererseits dazu ermuntern, mit den anderen zu verschmelzen, müssen ausgeglichen werden. Reflexion und Liebe zum Wissen verflechten sich miteinander.

Es ist nicht einfach, sich für Wissen zu interessieren, das uns übersteigt. Wir lehnen es mehr oder weniger bewusst ab, zumal es uns nichts einbringt: Wir verdienen damit nicht mehr Geld, werden nicht intelligenter oder schöner und unsere Gesundheit wird davon auch nicht besser.

Wir lehnen es außerdem ab, weil dieses Lernen die Mühe der Reflexion verlangt. Oft können wir mit unseren körperlichen Sinnen nicht das höhere Wissen überprüfen, das den menschlichen Verstand transzendiert. Der Engel existiert nicht auf der irdischen Ebene. Wenn ein Eingeweihter wie Rudolf Steiner erklärt, was ein Engel ist, müssen wir eine schöpferische Anstrengung unternehmen, um ihn zu verstehen, um das Beschriebene mit unserer eigenen Vorstellungskraft nachzuvollziehen, da wir es mit unseren Augen und Ohren nicht überprüfen können. Wir sind zur Reflexion gezwungen, um nachzuvollziehen, was wir lesen. Die innere Nachbildung des Beschriebenen fordert unsere Fähigkeit zur Reflexion, genauso wie unser Interesse an Fragen, die uns übersteigen und die wir lieben, unser Herz fordert.

Durch Lernen und Konzentration verbinden wir Denken und Herz miteinander und verleihen dem spirituellen Wissen eine Form. Diese Disziplin lehrt uns, dem, was in unserem Herzen lebt, Form zu geben und spirituelle Ideale zu entwickeln. Wenn wir in der Lage sind, deutlich unsere spirituellen Ideale auszudrücken, verstehen wir, warum wir auf die Erde gekommen sind. Hinter den spirituellen Idealen verbirgt sich unser Inkarnationsgrund. Durch die Verbindung von Denken und Herz mittels Lernen und Konzentration offenbart sich so allmählich unser Schicksal, und wir erinnern uns an unseren Genius (siehe Kapitel 3).

Die Macht des Mutes

Man erinnert sich an den eigenen Genius, indem man Mut entwickelt, den Mut, die eigenen Ängste zu beherrschen, um die Herausforderungen des Lebens anzunehmen.

Das deutsche Wort Herz stammt vom indogermanischen *kerd* ab, das mit dem lateinischen *cor* (Herz) verwandt ist. Daraus abgeleitet ist das Wort *Courage*, das im Englischen und Französischen Mut bedeutet. Jahrhunderte lang bedeutete "Herz" Tapferkeit, Elan, Standhaftigkeit. Erst zum 18. Jahrhundert hin erhielt es eine gefühlsmäßige Konnotation und wurde zum Sitz von Gefühl und Emotionalität. Man findet auch noch deutsche Wendungen, in denen das Wort Herz die Bedeutung von Mut hat. Man sagt zum Beispiel: "*nicht das Herz haben, etwas zu tun*", "*mit Herz an eine Sache herangehen*" oder "*sich ein Herz fassen*". Hier sind Herz und Mut Synonyme. Indem man sich nämlich von seinem Herzen leiten lässt, findet man den Mut, verantwortlich für das eigene Leben und sich selbst zu werden.

Es braucht tatsächlich Mut, um Verantwortung für das eigene Leben, Denken, Empfinden und Handeln zu übernehmen. Wenn wir uns dafür entscheiden, vollkommen für unser Leben verantwortlich zu sein, können wir nicht mehr die anderen, die Eltern, die Regierung, die Mikroben oder Gott beschuldigen, wenn wir krank werden. Wir stehen ganz allein uns selbst gegenüber. An dem, was uns zustößt, sind nicht mehr die anderen schuld, denn uns ist klar, dass wir selbst dieses Ereignis angezogen haben. Doch wenn die Prüfungen des Lebens sehr hart sind, kann man nicht umhin, einen Schuldigen zu suchen. Man vergisst lieber, dass man sich das eigene Leben so ausgesucht hat. Das ist normal, denn es braucht sehr viel Mut, um zu akzeptieren, dass man ganz allein sich selbst gegenübersteht, und um die Herausforderungen anzunehmen, die das Leben stellt.

Wenn wir ein etymologisches Wörterbuch zur Hand nehmen, erfahren wir, dass Verantwortung "die Verpflichtung, für seine Handlungen einzustehen" bedeutet. Um welche Verpflichtung handelt es sich? Um diejenige, die wir im Zwischenleben eingegangen sind, als wir unser Schicksal gewählt haben. Wir sind die Verpflichtung eingegangen, die Herausforderungen dieses Lebens anzunehmen, um uns zu transformieren. Verantwortlich zu werden bedeutet zu akzeptieren, die in der spirituellen Welt gemeinsam mit dem eigenen Engel eingegangene Verpflichtung zu erfüllen. Es bedeutet, Entscheidungen zu treffen und für diese einstehen zu können, sich nicht mehr wie ein Opfer oder ohne Initiative zu verhalten.

Natürlich erinnern wir uns nicht mehr an unsere spirituellen Verpflichtungen, doch letzten Endes ist das kaum von Bedeutung. Es geht einfach darum, es sich zur Gewohnheit zu machen, auf das, was uns widerfährt, richtig zu antworten; auf originelle und neue Art zu antworten, unsere Vorstellungskraft, unsere verborgenen Quellen zu wecken, um andere Antworten als gewöhnlich zu geben. Hierfür müssen wir uns aufmachen, die Antwort in der eigenen Zukunft, beim eigenen Engel zu suchen.

Bei jeder Prüfung muss man sich fragen: "Was soll ich in mir selbst transformieren?" Eine Herausforderung ist stets dazu da, uns dabei zu helfen, uns zu transformieren. Etwas in uns selbst funktioniert nicht richtig, jedenfalls nicht im Hinblick auf die Entscheidungen, die wir im Zwischenleben getroffen haben; wir sind nicht nach innen gerichtet. Die Prüfung ist dazu da, uns dabei zu helfen, uns neu auszurichten. Wir haben uns etwas anzueignen, etwas, das uns fehlt, das uns mangelt. Es muss sich eine neue Eigenschaft, eine andere Art, das Leben oder die anderen zu sehen, in uns entwickeln. Die Eigenschaft, die wir hervorbringen werden, wird die Antwort sein, die wir unserem Engel schicken werden.

Die darin enthaltene Lektion und die Transformation haben für unseren Engel den Wert einer Antwort. Unser Engel schickt uns eine Herausforderung, und wir schicken ihm unsererseits das zurück, was wir verstanden haben: unser Bemühen, die neue Sichtweise, die wir von nun an haben werden. Unsere Antwort ist eine spirituelle Substanz, die unseren Engel nährt und die von der spirituellen Welt genutzt werden kann. Wir werden Partner oder Mitschöpfer der übersinnlichen Dimension, kommunizieren zwischen irdischer und himmlischer Welt. Somit entsteht eine Verbindung zwischen beiden Welten.

Ein anderer Aspekt, der zeigt, dass die Herausforderungen des Lebens mit Mut angegangen werden müssen, ist die Kontrolle des eigenen *Doppelgängers.* Dieser *Doppelgänger* oder innere *Drache* setzt sich im Wesentlichen aus Verantwortungslosigkeit und Egoismus zusammen. Wenn uns etwas widerfährt, können wir leicht zur Beute dieses *Doppelgängers* werden, in Verantwortungslosigkeit und Egoismus verfallen. Jedes Mal, wenn wir passiv bleiben oder in der Opferrolle verharren, werden wir von unserem *Drachen* beherrscht. Den eigenen *Drachen* zu bekämpfen bedeutet nicht, sich auf den negativen Aspekt des eigenen Wesens zu konzentrieren, sondern eine positive Antwort auf Herausforderungen zu finden, die Teil unseres Schicksals sind; sie zu akzeptieren bedeutet auch zu akzeptieren, die eigene Lebensaufgabe zu kennen und voll und ganz an ihr mitzuwirken.

Liebe

Die Erinnerung an das eigene Schicksal findet man letztendlich durch die Entwicklung von Liebe wieder, einer Liebe, die sich in drei Richtungen ausdrückt:

- Selbstachtung
- gegenseitige Abhängigkeit
- Dankbarkeit

Selbstachtung

Es geht nicht darum, Narzissmus zu kultivieren, sondern zu lernen, sich selbst zu lieben. Von dieser Selbstliebe ist viel in der persönlichen Entwicklung und in Therapien die Rede. Worum handelt es sich dabei? Was bedeutet es zu lernen, sich selbst zu lieben?

Es handelt sich um die Art und Weise, wie man sich selbst wahrnimmt, um den Wert und die Stellung, die man sich selbst zuweist. Fängt man an, sich selbst zuzuhören, bemerkt man oft, dass man sich selbst nicht besonders hoch schätzt. Man übt viel Selbstkritik, vergleicht sich mit anderen, wirft sich mangelnden Erfolg vor usw. Die eigene Abwertung verschließt jedoch das Herz. Man hat keinen Zugang mehr zu seinem tiefsten Wesen, seinem Engel und seinem Schicksal. Man versperrt sich selbst den Weg in die Zukunft, verriegelt die Tür zum eigenen Werden, leugnet das, was man auf der Erde verwirklichen wollte. Aufhören, Selbstkritik zu üben, sich nicht mehr selbst abwerten und sich nicht mehr mit anderen vergleichen kann man nur, wenn man sich innerlich kontrolliert. Achtsamkeit gegenüber den eigenen Gedanken ist Grundlage der Selbstachtung und folglich der Öffnung des Herzens. Aus ihr kann Nächstenliebe erwachsen. Doch wenn wir uns selbst abwerten, ist es unmöglich, den anderen nicht auch abzuwerten. Wir können nicht das Gute im anderen sehen, wenn wir es nicht auch in uns selbst sehen.

Ertappt man sich selbst beim Abwerten, muss man sich korrigieren, sich weigern, dieser kleinen, unangenehmen Stimme Gehör zu schenken, und sich auf das konzentrieren, worauf man stolz ist. Hierfür kann man eine Liste mit schönen Leistungen, Dingen, bei denen man sich selbst übertroffen hat, aufsetzen, um bei Bedarf darauf zurückzukommen. Diese Liste, die regelmäßig je nach den Ereignissen überarbeitet und verlängert werden kann, hat nicht die eigene Verherrlichung zum Zweck, sondern erlaubt es uns, in einer Krise das Gleichgewicht zu bewahren. Ich habe in meinem Leben Zeiten erlebt, in denen ich auf diese Methode zurückgreifen musste, und ich glaube, dass sie meine Seele vor dem Ersticken gerettet hat. Am schwierigsten dabei war, die Liste überhaupt aufzustellen, ganz objektiv das anzuerkennen, worauf ich stolz sein konnte.

Man kann am richtigen Platz für sich selbst oder am Eigenwert arbeiten, den beiden Faktoren, auf denen die Selbstachtung gründet.

Der richtige Platz für sich selbst ist mit der Tatsache verbunden, dass man eine spezifische Besonderheit in sich spürt, das heißt eine Fähigkeit, die einem selbst zu eigen ist, die man ganz genau benennen kann. An den richtigen Platz oder zu der spezifischen Besonderheit gelangt man durch Lernen. Man muss nämlich lernen, um neue Erkenntnisse zu gewinnen und spüren zu können, dass man in diesem oder jenem Beruf am richtigen Platz ist. Gleiches gilt für den richtigen Platz auf der Erde. Man beginnt, ihn zu spüren, wenn man sich sein Innenleben erbaut hat und spirituelle Kenntnisse erlangt hat, die man im Herzen erfahren hat. In der so erbauten inneren Wirklichkeit zeichnen sich die spirituellen Ideale und das Lebensmotiv ab. Die Fähigkeit, den eigenen Platz hier unten wahrzunehmen, erlaubt es, sich weniger mit anderen zu vergleichen. Man nimmt vielmehr die eigene, einzigartige Dimension wahr und erfährt gleichzeitig eine tiefe Verbindung mit den anderen. Man hat eine spezifische Besonderheit, eine Fähigkeit, die nur einem selbst gehört und die man zutiefst liebt.

Den Eigenwert kann man spüren, wenn man fähig ist, uneigennützig zu handeln, anderen etwas zu geben. Doch genau in diesem Moment verkomplizieren sich im Allgemeinen die Dinge, weil man dann sehr oft zu der Meinung gelangt, nicht besonders viel wert zu sein. Man spürt unbewusst, dass man unfähig ist, uneigennützig zu geben. Auch wenn man versucht, sich selbst etwas vorzumachen, weiß man doch im Grunde genau, dass man nicht uneigennützig gegeben hat. Was in der spirituellen Welt Wert hat, ist die Liebe. Und Liebe ist uneigennützig; man gibt, ohne etwas als Gegenleistung zu erwarten. Sie ist der größte Wert überhaupt, der Wert unseres Universums. Wir würdigen uns selbst herab, weil wir unentwegt mit unserem Egoismus konfrontiert sind: Man gibt niemals uneigennützig. Je mehr man sich bemüht, uneigennützig zu geben, desto mehr spürt man den Eigenwert.

Zusammenfassend muss man, um sich selbst zu lieben, das eigene Innenleben pflegen, indem man spirituelles Wissen erlernt. So gelangt man an den richtigen Platz und wird auch zu einem moralischen Wesen, da man sich der uneigennützigen Liebe verschreibt. Der richtige Platz und der Eigenwert fördern die Selbstachtung. Wenn man beginnt, sich selbst zu lieben, hört man auf, auf Anerkennung und Zustimmung der anderen zu warten. Es stellt sich ein Gleichgewicht ein. Die Fähigkeit, sich selbst zu achten, den Platz für sich selbst und den Eigenwert miteinander zu verbinden, erlaubt es uns, den anderen zu achten. Man wird fähig, ihn mit Güte zu betrachten. Man erhält Einblick in das Schicksal des anderen, man kennt den Grund für die Beziehungen mit den anderen und man erkennt die Pflichten, die man den anderen gegenüber hat.

Selbstrespekt

Hier geht es darum zu respektieren, wer man ist, nämlich ein sich seiner selbst bewusstes Wesen, das mit seinem Denken emotionale Ausbrüche beherrschen kann. Sich selbst zu respektieren bedeutet nicht, sich emotional gehen zu lassen, sondern unter allen Umständen die eigene Würde bewahren zu können. Natürlich ist das nicht gleichbedeutend mit Unterdrückung. Sich selbst zu respektieren heißt nicht, den anderen die eigenen Regeln aufzudrücken, sondern vielmehr, sich selbst seine eigenen Regeln aufzuerlegen, die Regeln, die wollen, dass man sich an die eigene Menschlichkeit erinnert, an die Würde, ein denkender und sich seiner selbst bewusster Mensch zu sein. Dies beinhaltet auch, sich nicht selbst vollkommen in den eigenen Gefühlen zu verlieren, sondern immer einen gewissen Abstand zu sich selbst einzuhalten, auch wenn er noch so geringfügig ist.

Gegenseitige Abhängigkeit

Zu spüren, dass wir alle abhängig voneinander sind, heißt zu spüren, dass die anderen Einfluss auf unser Schicksal und wir Einfluss auf das Schicksal der anderen haben. Wie zeigt sich diese gegenseitige Abhängigkeit im Schicksal?

Wenn man mit bestimmten Personen zusammen ist, kann man sich herabgesetzt oder erniedrigt fühlen. Man kann sich niedriger verhalten als gewöhnlich. So lässt man sich beispielsweise gehen, man gibt Unzusammenhängendes oder Gehässiges von sich usw. Bestimmten Wesen gegenüber unterliegt man sich selbst, verliert man die eigenen Begabungen und Orientierungspunkte. Im Nachhinein ist diese Erfahrung etwas Unangenehmes, als ob diese Personen *böse Engel* wären, die uns in die Abgründe unserer Persönlichkeit hineinstoßen. Das Gefühl, bei der Anwesenheit bestimmter Wesen zu schrumpfen, kommt daher, dass diese uns auf eine bestimmte Weise sehen ...

Durch andere wiederum fühlen wir uns erhöht. Sie helfen uns durch ihre bloße Anwesenheit, das Beste in uns selbst hervorzubringen, bestimmte, äußerst positive Aspekte unserer selbst anzusprechen. Aus einem Gespräch mit ihnen gehen wir vollkommen erfüllt hervor, voller Mut und Hoffnung. Sie tun uns gut. Wir fühlen uns größer und aufgewertet. Sehr viele Menschen kommen so tatsächlich durch die liebenswürdige Achtung eines anderen zurück zu sich selbst. Ein Lehrer oder Therapeut, der Vertrauen in seinen Schüler (oder in seinen Patienten) hat, das heißt, der positive Ergebnisse von ihm erwartet, wird eine Entfaltung des Wesens und der Talente seines Schülers oder Patienten herbeiführen. Er ist wie eine magische Stütze für ihn, damit er sein Ziel erreicht.

Hier erkennen wir unsere Verantwortung füreinander in Bezug auf den Blick, mit dem wir um uns schauen. Die Projektionen, die unsere Mitmenschen auf uns richten, sind keinesfalls harmlos: Sie bringen nicht nur die projizierenden Personen durcheinander, sondern belasten auch die Personen erheblich, auf die sie gerichtet sind. Wie machen wir uns in unserem Denken ein Bild von anderen? Welches Bild machen wir uns von unserem Nachbarn? Von unserem Freund? Von unseren Eltern? Geben wir auf dieses Bild Acht? Wenn wir uns ein falsches Bild von jemandem machen, hindern wir denjenigen daran, sein Schicksal zu erfüllen, wir nehmen ihm Lebenskraft, wohingegen wir ihn, wenn das Bild korrekt ist, in seiner Lebenskraft unterstützen und ihm helfen, sein Schicksal zu verwirklichen.

Natürlich ist es möglich, unser Bild von den Personen unserer Umgebung zu überprüfen und zu berichtigen. Wenn man bemerkt, dass man sich ein falsches Bild von jemandem gemacht hat, kann man sich bemühen, dieses Bild zu berichtigen, doch selbstverständlich nicht in illusorischer Weise. Es geht nicht um positives Denken, sondern darum, mit der Wirklichkeit des anderen in Kontakt zu treten. Es ist eine Arbeit am wahren Bild. In Anlehnung an die heilige Veronika (auch *vera iconica* genannt, was aus dem Lateinischen stammt und "wahres Bild" bedeutet) und ihr berühmtes Schweißtuch mit dem Abbild Christi muss man gewissermaßen hingebungsvoll das Gesicht der anderen abwischen, um ihr wahres Bild zu enthüllen. So hilft man ihnen, ihr menschliches/göttliches Schicksal zu erfüllen.

Diese gegenseitigen Abhängigkeiten sind sehr stark. Durch sie entsteht große Verantwortung für die Liebe, die man seinem Nächsten geben kann. Man fühlt sich verantwortlich für das Bild, das man sich von den anderen macht, da man weiß, dass es Einfluss auf ihr Schicksal haben kann. Außerdem werden wir so ermuntert, uns mit positiven Menschen zu umgeben, die uns in unserem Schicksal unterstützen, statt mit Personen, die dazu neigen, unsere Lebenskraft zu erschöpfen und uns zu erdrücken.

Dankbarkeit

Dankbarkeit geht noch weiter als einfache Akzeptanz. Sie bedeutet Erkenntlichkeit für alles, was man in diesem Leben erleben und erfahren konnte.

Man kann allmählich dahin kommen, Dankbarkeit zu empfinden, indem man sich mit Abstand und Zeit bewusst macht, dass eine schmerzhafte Erfahrung letztendlich etwas Nützliches mit sich gebracht hat. Wenn man sich fünf, zehn oder zwanzig Jahre später fragt, was einem eine schmerzhafte Erfahrung eingebracht hat, erkennt man, dass man durch sie etwas gewonnen hat. Dankbarkeit bedeutet, erkenntlich dafür zu sein, dass diese Erfahrung in unser Leben getreten ist, auch wenn sie schmerzhaft war. Wir wären nicht zu dem geworden, was wir heute sind, wenn wir diese Erfahrung nicht gemacht hätten. Wir konnten diese Lektion nur unter diesen Umständen lernen. Diese Umstände, auch wenn sie hart waren, waren perfekt dafür, das zu entdecken, was wir zu lernen hatten, und wir konnten es uns unter keinen besseren Umständen einprägen als diesen. So akzeptieren wir vollständig die Form, die die Lektion im eigenen Leben annehmen musste. Und wir akzeptieren sie nicht nur, sondern wir integrieren sie in unser Schicksal und empfinden Dankbarkeit dafür, dass uns diese Erfahrung zugestoßen ist, denn durch sie sind wir das geworden, was wir heute sind.

Die Empfindung von Dankbarkeit führt zu einer gewissen Weitsicht ... Man spürt im Voraus, was auf einen selbst und die anderen zukommen wird. Dankbarkeit begünstigt die Öffnung für andere. Darüber hinaus räumt man durch sie mit der eigenen Vergangenheit auf, man lässt allen Groll, alle Verletzungen und Leiden hinter sich. Man entleert sein Inneres und kann somit empfangen, was auf einen selbst zukommen soll. Von nun an hat man Platz für die Zukunft, die man als Vision vor sich haben kann. Man versteht den eigenen Grund zu leben und kennt die einzuschlagende Richtung.

Dankbarkeit erfährt man jedes Mal, wenn man Abstand zu sich selbst schafft. Dieser Abstand stellt sich mit der Zeit ganz natürlich ein, doch man kann den Prozess mittels Meditation beschleunigen. Die echte Meditation hat stets Abstand zu sich selbst als Grundlage (das Bewusstsein im Herzen zu platzieren ist gewissermaßen ein Rückzug ins eigene Selbst). Jedes Mal, wenn man die alltäglichen Beschäftigungen beiseite lässt, um zu meditieren, nimmt man Abstand. Dadurch kann man das im Außen Geschehende relativieren und somit zum Beobachter seiner selbst und der Ereignisse werden. Abstand zu nehmen erlaubt es, eine Erfahrung sofort ins eigene Leben zu integrieren, sich neu auszurichten und nicht den Kurs zu verlieren. Jede integrierte Erfahrung trägt den Keim ihrer Zukunft in sich - und im Inneren der integrierten Erfahrung, die uns den Impuls gibt, ins eigene Werden hineinzugehen, sehen wir die Zukunft voraus.

ZUSAMMENFASSUNG VON KAPITEL 3

Wir haben einen guten und einen bösen Genius.

Der böse Genius versucht, uns in unserer Vergangenheit festzuhalten: im Bekannten, in unseren Gewohnheiten, unseren Ängsten und unserem Unwissen. Er macht aus uns Schafe, kollektive Wesen.

Der gute Genius lässt uns der Zukunft, dem Unbekannten, Wahrheit, Freiheit und Brüderlichkeit begegnen. Er hilft uns, wir selbst zu werden und unser Lebensziel zu verwirklichen. Man begegnet ihm in der Transzendenz.

Sich an den eigenen Genius zu erinnern bedeutet, Erinnerung, Mut und Liebe zu pflegen.

Die Erinnerung an das eigene Schicksal und die eigenen Ideale beruht auf einer Metamorphose des Denkens durch Lernen und Konzentration auf universelle Themen.

Der Mut, dem eigenen Schicksal entgegenzutreten, beruht auf einer Metamorphose des Gefühls, indem man kreativ auf die Herausforderungen des Lebens antwortet (Verantwortung), statt das Leben zu erleiden und sich in eine Opferrolle zu begeben (Schuld).

Die Liebe zu sich selbst und zu den anderen beruht auf einer Metamorphose des Willens, indem man aufhört, sich selbst herabzuwürdigen, und indem man sich selbst respektiert, indem man das wahre Bild des anderen pflegt und Dankbarkeit für alles empfindet, was man bisher erlebt hat.

ÜBUNGEN

1. Sich ein wahres Bild von seinem Nächsten machen
2. Zurückblicken, um den roten Faden des eigenen Schicksals wieder zu finden

1. Sich ein wahres Bild von seinem Nächsten machen

Das Unbewusste einer Person wird auf eine andere in einer Weise projiziert, dass die erste der zweiten das vorwirft, was sie in sich selbst vorfindet. Dieses Prinzip ist von einer derartigen Universalität, dass wir, bevor wir andere kritisieren, gut beraten wären, uns hinzusetzen und darüber nachzudenken, ob nicht wir selbst es sind, auf die der erste Stein geworfen werden müsste.

Carl Gustav Jung (1875-1961)
- freie Übersetzung -

Das wahre Bild ist ein Bild frei von jeglicher Projektion. Die Projektion ist ein unbewusster Selbstverteidigungsprozess, mit dem das Individuum sich aus einem emotionalen Konflikt befreit. Es holt sein eigenes Problem oder Ideal aus sich selbst hervor und belegt damit ein anderes Objekt.

Die Projektion ist eine psychologische Realität, die man überall und zu jedem Zeitpunkt im Leben beobachten kann, insbesondere anhand der Tatsache, dass wir häufig falsche Urteile über andere und Situationen abgeben und diese dann nach genauerer Prüfung wieder korrigieren müssen. Die meisten Leute begnügen sich in einem solchen Fall damit, dass sie sich geirrt haben, und versuchen nicht herauszufinden, woher ihr Urteil oder ihre irrige Meinung stammt.

Die Projektion ist etwas anderes als der gewöhnliche Fehler: Letzterer ist durch bessere Informationen einfach korrigierbar und kann damit beseitigt werden. Handelt es sich jedoch um eine Projektion, wird sich der Betreffende meist vehement gegen jede Richtigstellung zur Wehr setzen. Akzeptiert er sie, wird er sich niedergeschlagen fühlen. Er wird geschwächt und desillusioniert sein, weil ihm die psychische Energie, die er in die Projektion gesteckt hat, nicht zurückgegeben wird; sie wird ihm im Gegenteil förmlich entrissen.

Aus diesem Grund definiert Jung die Projektion als unbewusste, das heißt nicht wahrgenommene und unabsichtliche Übertragung von subjektiven psychischen Elementen auf ein äußeres Objekt. Man nimmt in Letzterem etwas wahr, das dort kaum oder gar nicht vorhanden ist (nichtsdestotrotz ist es selten, ja unmöglich, dass sich im so bedachten Objekt nicht die geringste Spur des Projizierten befindet).

Es gibt zwei große Kategorien der Projektion: gute und schlechte. Denn nicht nur die negativen Eigenheiten einer Person, sondern auch die positiven können auf diese Weise projiziert werden. Diese Projektion verursacht dann eine maßlose, illusorische Überschätzung und eine unverhältnismäßige Bewunderung des Gegenübers.

Man muss lernen, in der Vorstellung, die man sich von jemandem macht, eine Projektion zu erkennen oder sie abzulehnen, weil eine Projektion ganz einfach nicht nur eine Sache des kritischen Denkens ist, sondern auch eine gefühlsmäßige

Anerkennung. Aus diesem Grund kann dieses Erkennen niemals nur über den Intellekt zum Guten geführt werden, sondern es stützt sich auch auf Herz und Intuition.

Vorgehensweise

Lassen Sie sich bequem nieder und atmen Sie einige Minuten langsam und tief. Konzentrieren Sie sich ausschließlich auf das Kommen und Gehen Ihres Atems, ohne Spannung in sich selbst zu erzeugen. Wenn Sie sich entspannt und aufmerksam fühlen, stellen Sie sich einige Fragen über Projektionen. Betrachten Sie die Projektionen, die Sie auf die Personen Ihrer Umgebung richten:

- Wählen Sie eine Person aus Ihrer Umgebung aus, zu der Sie eine konfliktgeladene Beziehung haben (Sie können dies genauso mit einer Person durchführen, die Sie idealisieren). Erläutern Sie genau, was Sie dem anderen vorwerfen.
- Beurteilen Sie diese Person als hart und autoritär? Haben Sie Angst vor ihr? Sind Sie selbst autoritär? Fällt es Ihnen schwer, Gefühle zu zeigen?
- Sind Sie wütend auf einen Menschen? Wem ähnelt er? Vielleicht dem von Ihren Eltern bevorzugten Bruder?
- Benennen Sie Ihre Projektion.
- Hören Sie sich ohne zu urteilen an, was Ihre Projektion Ihnen sagt. Erkennen Sie die Verletzungen, Frustrationen und Ungerechtigkeiten in Ihrer Geschichte an.
- Sobald Sie Leid verspüren, treten Sie tief in Ihr Herz*chakra* ein, indem Sie die Anweisungen aus der ersten Übung des zweiten Kapitels befolgen.

- Spüren Sie, wie alle Ihre Sinne sich nach innen wenden und sich auf Ihr Zentrum des Friedens und der Liebe richten.
- Setzen Sie die betreffende Person vor Ihr inneres Auge. Bitten Sie die Person um Vergebung für die Projektionen, die Sie auf sie gerichtet haben, und stellen Sie sich vor, dass Sie Ihre Projektionen zurückziehen, indem Sie ihr das Gesicht mit einem leuchtend weißen Tuch abwischen.
- Nehmen Sie sich die Zeit, die Sie brauchen. Versuchen Sie, die Person zu betrachten, als sähen Sie sie zum ersten Mal. Lassen Sie ihr *wahres Bild* hervortreten. Überlassen Sie Ihrem Herzen und Ihrer Intuition das Wort ... Bleiben Sie weiterhin offen.
- Wenn Sie nichts wahrnehmen, bleiben Sie zuversichtlich, das Bild wird allmählich in Ihnen entstehen. Öffnen Sie sich und erlauben Sie dem wahren Bild, sich in Ihnen niederzulassen.
- Verpflichten Sie sich dazu, das wahre Bild dieser Person zu pflegen, um nichts mehr auf sie zu projizieren. Sehen Sie sich an, welche Verhaltensweisen Sie für den Alltag übernehmen können, um sich in diesem Sinne weiterzuentwickeln.
- Nehmen Sie einige lange und tiefe Atemzüge, und kehren Sie ruhig in das Wachbewusstsein zurück, indem Sie wieder die Augen öffnen.

2. Zurückblicken, um den roten Faden des eigenen Schicksals wieder zu finden

Der Rückblick ist eine Übung der Vergegenwärtigung im entgegengesetzten Verlauf der Ereignisse, Verhaltensweisen und Geisteszustände, die an einem Tag, in einer Woche, einem Monat, einem

Jahr oder ein ganzes Leben lang stattgefunden haben. Es handelt sich um eine Rekapitulation, eine Bilanz.

Rückblicke erfordern eine große Willensanstrengung, denn man kann sich nicht auf den äußeren Ablauf der Zeit stützen, um sich zu erinnern, sondern muss in Gegenrichtung arbeiten. Die Rekapitulation in Gegenrichtung ist ein Gesetz der spirituellen Welt. In jener Welt verläuft die Zeit umgekehrt: Die Ereignisse finden von der Zukunft in die Vergangenheit statt. Indem man sich daran gewöhnt, Rekapitulationen in Gegenrichtung durchzuführen, übernimmt man die Denkweise des eigenen Engels und der spirituellen Welt, einer Welt, in der alles auf Weiterentwicklung und moralische Verbesserung gerichtet ist.

Auf diese Weise rekapitulieren wir während des Schlafens unseren Tag und nach dem Tod unser gesamtes Leben. Die Rekapitulation erlaubt es, Lehren zu ziehen, um Fortschritte zu machen und uns weiterzuentwickeln, und somit ist sie ein unentbehrliches Element, um Erfahrung zu gewinnen. Der berühmte Schriftsteller Aldous Huxley sagte, die Erfahrung sei nicht, was einem Menschen geschieht. Sie sei, was ein Mensch damit anfängt, was ihm geschieht. Die Rekapitulation ist das grundlegende Instrument, um aus dem, was uns geschieht, eine Erfahrung im erhabensten Sinne zu machen. Sie erlaubt es uns auch, die Verkettung von Ursache und Wirkung zu verstehen (das Karma der Orientalen).

- **Rückblick auf den Tag**

Jeden Abend nimmt man sich einige Minuten Zeit, um sich den Tag in Gegenrichtung zu vergegenwärtigen, indem man mit den zuletzt stattgefundenen Ereignissen beginnt und bis zum

Aufwachen zurückgeht. Vielleicht wird man es eines Tages schaffen, die Schwelle zur Nacht zu überschreiten, während man sich an das erinnert, was vor dem Aufwachen geschah?

Man muss sich nach innen richten und dann rückwärts den Tag an sich vorbeiziehen lassen, ohne ihm eine Bedeutung zu verleihen, als ob es der Tag eines anderen gewesen sei. Man muss sich alles Geschehene noch einmal ansehen, ohne zu versuchen, einzelne Worte oder Gedanken zu erfassen. Es geht darum, zum Beobachter der eigenen Handlungen an diesem Tag zu werden. Allmählich werden dann die Handlungen ebenfalls rückwärts betrachtet, wie bei einer Videocassette, die man zurückspulen lässt (man sieht sich rückwärts eine Treppe hinuntergehen usw.).

- **Rückblick auf die Woche**

Er findet im Allgemeinen sonntags statt. Als letzter Wochentag ist der Sonntag ideal für eine introspektive Bilanz der vergangenen sieben Tage. Dieser Rückblick erlaubt es, sich selbst einen neuen Anstoß zu geben und sich neu mit dem eigenen Engel in Verbindung zu setzen.

- **Rückblick auf den Monat**

Der Rückblick auf den Monat kann so aussehen, dass man als Mittelpunkt oder Ziel das Sternzeichen des Monats wählt, das heißt die Essenz dessen, was das Zeichen darstellt. Im Juni ist das zum Beispiel das Zeichen Zwillinge, das mit der Fähigkeit verbunden ist, für sich selbst zu denken, über die Dualität hinaus. Am letzten Tag des Zeichens Zwillinge (2003 war das Samstag, der 21. Juni) rekapituliert man die vier Wochen von Samstag, dem 21. Juni bis Mittwoch, dem 21. Mai. Man zieht eine Bilanz des Erlebten und ordnet es im Verhältnis zur eigenen Fähigkeit ein, für sich selbst zu denken (individuelle Suche, Wahrheitssuche, Neugierde und geistige Lebendigkeit usw.). Hierdurch erkennt man, wie man das Universelle als individuelles Wesen lebt.

Die Fragen an uns selbst lauten folgendermaßen:

Habe ich meinem Denken erlaubt, sich zu entfalten und sein Potenzial zu entwickeln? Wenn nicht, warum nicht? Was hat mich daran gehindert zu lesen, mir selbst Fragen zu stellen und mir meine eigenen Vorstellungen zu machen? Zu welchen Zwecken benutze ich meine Intelligenz: Entspringen meine Gedanken dem Willen meines Egos oder vermitteln sie die Bewusstwerdung des universellen Bedürfnisses nach Gleichgewicht und Wiedergutmachung? Erhöht meine Kreativität mein spirituelles Leben und das Leben jener, die mich umgeben? Welche Verpflichtung kann ich eingehen, um zu einem alltäglichen Bewusstsein für den richtigen Weg zu gelangen? usw.

- **Rückblick auf das Jahr**

Der Rückblick auf das Jahr findet am eigenen Geburtstag statt. Man rekapituliert die Monate bis zum vorigen Geburtstag. Es ist eine allgemeine Bilanz von zwölf Monaten, die man Monat für Monat nach der Essenz der jeweiligen Sternzeichen vornimmt: Man rekapituliert, wie man sich im Verhältnis zu den zwölf universellen Stimmungen (den zwölf Sternzeichen) individuell eingeordnet hat, und man arbeitet den Schlüsselmoment seines Jahres heraus. Diesen Schlüsselmoment ordnet man schließlich in seinen *Lebenszyklus* ein (das menschliche Leben ist in acht Lebenszyklen aus je sieben Jahren eingeteilt, von der Geburt bis zum Alter von 63 Jahren (9 x 7 Jahre), wobei jeder Zyklus vom Einfluss einer bestimmten planetarischen Sphäre gefärbt ist). Der Schlüsselmoment des Jahres hat allerdings nicht dieselbe Bedeutung, wenn man ihn zum Beispiel während des ersten Sonnen-Lebenszyklus' (21-28 Jahre) oder des Mars-Lebenszyklus' (42-49 Jahre) durchlebt.

- **Rückblick auf das Leben vom heutigen Tag an**

Der Rückblick auf das Leben findet in siebenjährigen Lebenszyklen statt. Man rekapituliert ab dem Lebenszyklus, der dem jetzigen vorangeht, bis hin zur Geburt. Genau wie die Sternzeichen hat auch jeder Lebenszyklus eine Essenz, eine Bestimmung (im Verhältnis zu der mit ihm verbundenen Bewusstseinssphäre). Man muss den Schlüsselmoment jedes Lebenszyklus' herausarbeiten, um den roten Faden des eigenen Lebens aufzuspüren ...

Vorgehensweise

Sie machen sich bewusst, dass Ihr Leben einem roten Faden folgt.

1) Entspannungsphase
Schließen Sie die Augen und atmen Sie langsam und tief. Nehmen Sie sich Zeit, um sich gut zu entspannen und auszuruhen. Bei jedem Ausatmen spüren Sie, dass die Anspannung von Ihnen abfällt, dass Ihre Muskeln sich lockern, entspannen. Bitten Sie Ihren Körper, sich vollkommen auszuruhen und in den Entspannungsprozess einzutreten.

2) Phase der Verinnerlichung
Platzieren Sie Ihr Bewusstsein in Ihrer Brust, auf der Ebene Ihres Herz*chakras*. Visualisieren Sie die Energiespirale Ihres Herz*chakras*. Lassen Sie sich von dieser Spirale einsaugen. Sie lassen

die äußere Welt los. Sie spüren immer weniger Ihren physischen Körper und sind immer konzentrierter. Sie sind stark auf die Energiespirale Ihres Herz*chakras* konzentriert und stellen sich vor, dass Sie tief in die Spirale hineinfallen; Sie fühlen sich vom Zentrum der Spirale eingesaugt. Jetzt sind Sie im Herzen der Spirale angekommen. Sie sind in sich selbst, in Ihrem Ätherkörper.

3) Phase der spirituellen Arbeit

Wenn Sie sich vollkommen nach innen gewandt haben, blicken Sie auf die Ereignisse und die Begegnungen zurück, die Sie wie eine Nadel mit Faden dahin geführt haben, dieses Buch zu lesen. Sie fangen beim Naheliegendsten an und versuchen, so weit wie möglich zu gehen.

1. Wann und wie haben Sie dieses Buch gekauft? Erinnern Sie sich an die Umstände (nach einer Lektüre, einer Konferenz, einer Diskussion mit einem Freund, einer Beratung usw.).
2. Was war vorher geschehen, wie sind Sie dorthin gekommen? (Beispiel: Wie haben Sie die Person kennen gelernt, die Ihnen von diesem Buch erzählt hat? Was hat Sie zu dieser Konferenz, zu der Beratung, zu Ihrem Interesse an Engeln geführt?)
3. Was hat Sie dahin geführt, sich Fragen zu stellen und sich auf die innere Suche zu machen (Wunsch, sich selbst zu kennen, Gefühl des Unwohlseins, Unfall, Krankheit, Verlust eines geliebten Wesens usw.)?
4. Machen Sie sich die Verkettung der Ereignisse und aller Personen bewusst, die Sie darauf vorbereitet haben, das zu erfahren, was Sie heute erleben.
5. Erkennen Sie den roten Faden Ihres Lebens. Lassen Sie dann die Bilder verschwinden, und wenn Sie sich bereit fühlen, können Sie wieder die Augen öffnen und Ihre Erfahrung notieren.

Die zwölfte Hierarchie

Was ist der strahlende Übergang, der uns in weihevoller Nacht
erlaubt, ins herrliche Licht einzutreten,
Unschuld im himmlischen Schoß zu empfangen
und den Geist aus seinem irdischen Grabe zu befreien?

Seraphim, deren Reinheit sich im Feuer spiegelt,
Cherubim, die im Leiden Harmonie verströmen,
Ophanim, die in willentlicher Glut wirken,
Kyriotetes, deren Weisheit den Pflanzen Leben verleiht,
Dynameis, die im Geleit der Ophanim tanzen,
Exusiai, die uns in sterbliche Hüllen kleiden,
Fürstentümer, die vergängliche Beziehungen mit Persönlichkeit versehen,
Erzengel, die die Stimme des Volkes inspirieren,
Engel, die den menschlichen Geist führen,
und so wird der Mensch. *

John Barnwell
- freie Übersetzung -

Kapitel 4

DIE SPRACHE DES ENGELS

Der Engel ist im Menschen, doch er lebt nicht auf der irdischen Ebene. Er entwickelt sich auf einer anderen Existenzebene, die nicht die unsere ist und an die wir uns nicht mehr erinnern können. Diese unseren Augen verborgene Welt ist mit unseren Sinnen nicht wahrnehmbar. Es ist vollkommen unmöglich, mit den gewöhnlichen Mitteln des Bewusstseins dorthin zu gelangen. Das heißt aber nicht, dass diese Welt nicht existiert. Wenn man etwas nicht sehen kann, bedeutet das nicht, dass es nicht existiert. Der Blinde kann nicht behaupten, dass Farben, Sterne oder Himmel nicht existieren, indem er anführt, er sähe sie nicht. Er verfügt allein nicht über die körperlichen Voraussetzungen, die es ihm erlauben würden, sie zu sehen. Angesichts der spirituellen Welt und der Engel ist der Mensch in genau derselben Situation wie der von Geburt an Blinde: Er sieht sie nicht, weil er nicht die körperlichen Voraussetzungen dafür hat.

Der Engel selbst hat keinen physischen Körper und keinerlei Sinnesorgan. Er sieht also die irdische Welt nicht. Er nimmt den von einem Mineral auf der physischen Ebene eingenommenen Platz als Leere wahr. Der niedrigste Bestandteil eines Engels ist das, was Rudolf Steiner den Ätherkörper nennt, der absolut nichts mit allem zu tun hat, was man auf der irdischen Ebene kennt.

Wie soll man also vorgehen, damit eine Begegnung zwischen Engel und Mensch stattfindet, da beide ja offensichtlich in zwei verschiedenen Welten leben? Nun, es ist angebracht, sich Fragen zur Natur des Menschen, zu seinem tatsächlichen Aufbau zu stellen, um zu erkennen, dass der Mensch die Möglichkeit hat, in die Engelswelt einzudringen, wenn er dies will.

Der Aufbau des Menschen

Der Mensch existiert nicht nur auf der irdischen Ebene. Er besitzt nicht nur einen physischen Körper, wie wir gewöhnlich meinen, sondern noch drei weitere Bestandteile, die jeweils auf einer anderen Bewusstseinsebene existieren. Heutzutage wird nur der physische Körper vom Menschen bewusst wahrgenommen, was dem Verständnis der menschlichen Natur und der Welt im Allgemeinen erheblich im Wege steht. Die Existenz der drei anderen Bestandteile des Menschen ist auf der irdischen Ebene mit den Sinnesorganen oder den Geräten, die deren Verlängerung sind, nicht überprüfbar, und zwar ganz einfach deshalb, weil sie auf anderen, nicht irdischen Existenzebenen existieren. Das einzige Mittel zur Überprüfung ist die innere Erfahrung, eine Überprüfung, die, auch wenn sie vollkommen subjektiv ist, deshalb nicht weniger real ist.

Versuchen wir für den Moment, einige Hypothesen über den Menschen auf Grundlage der Beobachtung der Natur aufzustellen. Der Mensch ist nämlich Abbild der ihn umgebenden Natur. Er ist Träger der vier natürlichen Elemente Erde, Wasser, Luft und Feuer. Durch seinen festen Körper gehört er dem Element Erde an; durch seinen flüssigen Körper dem Element Wasser; durch seinen luftförmigen Anteil dem Element Luft und durch seine Wärme dem Element Feuer.

- Der feste Zustand zeigt sich im Skelett. Dieser Zustand ist analog zur Gesteinswelt.

- Der flüssige Zustand zeigt sich in der Lymphe, im Blut und in allen Körperflüssigkeiten (neunzig Prozent des menschlichen Körpers bestehen aus flüssigen oder luftförmigen Elementen). Dieser Zustand der Materie ist analog zur Pflanzenwelt.

- Der luftförmige Zustand zeigt sich insbesondere in der Atmung. Dieser Zustand ist analog zur Tierwelt.

- Der kalorische Zustand - der von der offiziellen Wissenschaft nicht als Materiezustand anerkannt wird - zeigt sich über die menschliche Wärme. Es handelt sich hier nicht um die tierische, physische Wärme, die jeder Warmblüter abgibt, sondern um die Seelenwärme. Auf dieser Ebene kann man leicht spüren, dass einige Wesen wärmer sind als andere. Der kalorische Zustand ist analog zur Welt der Menschen.

Jeder Materiezustand und jedes Naturreich entspricht einem Bestandteil des Menschen:

- Der feste Zustand und die Gesteinswelt entsprechen dem ersten Bestandteil des Menschen: seinem physischen Körper. Durch seinen physischen Körper lebt der Mensch in der irdischen Welt.

- Der flüssige Zustand und die Pflanzenwelt entsprechen dem zweiten Bestandteil des Menschen: seinem *Äther*körper. Dieser zweite Bestandteil ist unsichtbar, und der Mensch ist sich seiner nicht bewusst. Der *Äther*körper ist tatsächlich nicht von dieser Welt. Er gehört nicht der irdischen Ebene an, sondern der himmlischen, und hat nichts mit der physischen Ebene zu tun. Der *Äther*körper ist Träger der Lebenskräfte. Durch ihn lebt der Mensch in der *Äther*welt.

- Der luftförmige Zustand und die Tierwelt entsprechen dem dritten Bestandteil des Menschen: seinem Astralkörper. Dieser dritte Bestandteil ist genauso unsichtbar wie der *Äther*körper, und der Mensch ist sich dessen ebenfalls nicht bewusst. Er befindet sich auf einer anderen Ebene als der physische Körper, die sich aber genauso auch von der *Äther*ebene unterscheidet (eine Farbe wird zum Beispiel auf *Äther*ebene oder auf Astralebene unterschiedlich wahrgenommen). Der Astralkörper ist Träger aller großen Archetypen, die das Universum bilden (Archetypen, die man in der Meditation durch den *Äther*körper als *Bilder* wahrnehmen kann). Durch ihn lebt der Mensch auch in der Astralwelt.

- Der kalorische Zustand und die Welt der Menschen entsprechen dem vierten Bestandteil des Menschen: seinem *Selbst* oder *Ich.* Dieser Bestandteil, der genauso unsichtbar ist wie die beiden vorigen, befindet sich auf einer vierten Bewusstseinsebene. Das *Selbst* ist Träger des Selbstgefühls. Es ist höchster Bestandteil des Menschen und unterscheidet sich vollkommen von den anderen Naturreichen. Hierdurch lebt der Mensch auch in der höchsten spirituellen Welt.

Somit erfährt der Mensch vier Existenzebenen, von denen nur die irdische Ebene vom Normalbewusstsein wahrgenommen werden kann.

Die spirituelle Welt

Die spirituelle Welt ist kein Ort. Sie befindet sich nicht, wie man oft aus der Vorstellung heraus sagt, im Himmel, und ist kein Platz, an den man sich im gewöhnlichen Sinne der Fortbewegung begeben muss. Sie ist kein Bereich, der sich im Äußeren, sondern einer, der sich im Inneren des eigenen Selbst befindet. Es ist also zwecklos zu versuchen, die spirituelle Welt im Außen wahrzunehmen, wie wir es mit unseren Augen gewohnt sind. Vielmehr geht es darum, die innere Erfahrung dieser Welt zu machen. Diese Erfahrung macht man, sobald es einem gelingt, in seinen zweiten Bestandteil, den *Äther*körper, einzudringen, oder genauer gesagt in seinem *Äther*körper bewusst zu bleiben. In der Regel schläft man nämlich ein, wenn das Bewusstsein in jenen Körper eintritt - dies geschieht jeden Abend beim Einschlafen. Über den *Äther*körper kann man Zugang zur spirituellen Welt finden.

Der Engel lebt in der *Äther*welt, die auch *Mond*welt genannt wird. Auf dieser Ebene drückt sich sein Bewusstsein aus. Die *Mond*welt ist die der Erde nächstgelegene spirituelle Dimension. Man darf unter

*Mond*welt allerdings nicht verstehen, dass die Engel auf dem Mond leben, sondern sie leben in der *Mond*-Bewusstseinssphäre, die aus einer Kolonie aus geistigen Wesen besteht, der hauptsächlich die Engel angehören. Diese Welt besteht aus geistigem Licht und Lebensenergie.

In dieser Situation kann der Mensch seinem Engel begegnen. Denn der Engel hat zwar keinen physischen Körper, aber der Mensch besitzt im Gegenzug dazu einen *Äther*körper. Der Mensch tritt mit seinem Engel in Verbindung, indem er sein Bewusstsein ins *Ätherische* erhebt, auf die Ebene der Lebenskräfte. Wenn man sich daran erinnert, dass das *Ätherische* eine gewisse Anverwandtschaft mit der Pflanzenwelt hat, muss man sich gewissermaßen pflanzlich "machen", zu einem Baum oder einer Blume, um seinen eigenen Engel zu erfahren: dem persönlichen Willen Einhalt gebieten, der einen hierhin und dorthin treibt, innerlich anhalten, still werden, verletzlich werden, vollkommen empfänglich und offen sein wie eine Pflanze, und gleichzeitig Mensch bleiben, das heißt sich seiner selbst bewusst sein. Dieses Dasein in vollkommener Empfänglichkeit und großer Konzentration kann sich durch Gnade, aber auch durch Meditation ausdrücken. Es ist immer das Herz, mit dem man mit seinem Engel kommuniziert. Die Meditation erlaubt es, den Begegnungen mit dem eigenen Engel eine klare Form zu geben und in ihnen zum Schöpfer zu werden, und durch Meditation kann der Mensch zu seinem eigenen Engel aufsteigen. Er kann die Erfahrung der spirituellen Welt durch sich selbst machen.

Definition der Meditation

Meditation ist ein überaus missverständliches und mehrdeutiges Wort. Wir alle haben eine mehr oder weniger klare Vorstellung davon, die entweder aus der orientalischen oder buddhistischen Tradition kommt: meditieren bedeutet, an nichts zu denken, die *Leere* des Bewusstseins zu pflegen, um sich von der Welt loszulösen und Frieden zu finden. Meditieren heißt, in einen inneren Monolog zu treten, um Lösungen für Probleme des Alltags zu finden. Doch oft machen wir daraus ein unklares Durcheinander, um gleichzeitig Frieden und Lösungen für persönliche Probleme zu finden.

Ungeachtet der Vorstellung, die man sich darüber macht, ist die Meditation etwas Einfaches und beruht auf der Fähigkeit, sich zu konzentrieren. Sie besteht daraus, die Aufmerksamkeit auf ein gegebenes Objekt zu fixieren: auf ein Wort, einen Satz, eine geometrische Figur oder spirituelles Wissen, das man vertiefen möchte. Konzentration ist der obligatorische Übergang zur Meditation. Es gibt jedoch einen deutlichen Unterschied zwischen Konzentration und Meditation:

- Bei der **Konzentration** geht es darum, den Geist zu kontrollieren, damit er aufhört, von einer Idee zur nächsten zu springen, und nicht mehr auf die Ereignisse des Alltags und der Vergangenheit reagiert. Die Konzentrationsübungen haben die technische Rehabilitation des niederen Geistes zum Ziel, damit er ohne Anstrengung dem Spirituelleren in ihm gehorcht.

  Die willentliche Bindung des Geistes an eine einzige Idee hat eine Befreiung von den gewohnten Assoziationen zur Folge, die mit den Wünschen und Gefühlen verbunden sind. Diese Befreiung ist natürlich deutlicher, wenn das für die Konzentration ausgewählte Objekt unpersönlich und objektiv ist, das heißt ohne emotionale Assoziationen.
  Die Unpersönlichkeit der für die Konzentration ausgewählten Objekte erlaubt es, das Denken zu isolieren, indem man es vom Gefühl absondert. Diese wenig vertraute Isolierung ist unbewusst schmerzhaft. Sie führt bald zu Langeweile (man schläft ein), bald zu Irritation (man wird unruhig). Daher muss man streng an sich arbeiten, sich disziplinieren, dabei bleiben, jeden

Tag üben, indem man sich auf ein Thema von geringem Interesse konzentriert, das jedoch unabdingbar für das Lernthema ist. Es ist selbstverständlich anstrengender, seine Hausaufgaben machen zu müssen, eine Lektion zu erlernen oder eine Prüfung durchzustehen, statt ins Restaurant oder ins Kino zu fahren. Doch wenn uns das Erlernen der wichtigen Dinge des Lebens und der Grundzüge dieses Fachs, das Vorankommen in jedem Bereich wichtig ist, dann sind wir gefordert, die kleinen Schmerzen ohne Widerrede zu ertragen.

Konzentrationsübungen dürfen nicht zur Schinderei werden, zu einer mühseligen Aufgabe, die man wohl oder übel erledigt. Der Ablauf sollte stets befreiend und freudig sein, auch wenn sich Schmerzen, Leiden, Angst und Enttäuschung dazugesellen können.

- Die **Meditation** hat zum Hauptziel, den Geist (der nun durch die Konzentrationsübungen beruhigt ist) zu schulen, auf ein ausgewähltes Thema fixiert zu bleiben, das vorzugsweise eine tiefe spirituelle Bedeutung hat, damit dieses Thema dem meditativen Bewusstsein reiche und verschiedenartige Bewusstwerdungen ermöglicht. Die Meditation ist eine Übung für das Gleichgewicht von Konzentration und empfänglichem Bewusstsein, die zugleich aus Konzentration und Entspannung besteht. Entspannung ist sehr wichtig, insbesondere auf der körperlichen Ebene, genauso wie eine einfache und friedliche Atmung in Verbindung mit den Konzentrationsübungen. Es ist unabdingbar, alle Spannungen oder Sorgen loszulassen. Durch tiefes, natürliches Atmen (eine Atmung verbunden mit der Entspannung von Nerven und Muskeln) unterstützt man wirksam die Beruhigung des Geistes.

Die Meditationsebenen

Meditation wird aus den unterschiedlichsten Gründen praktiziert, und das individuelle Temperament entscheidet darüber an erster Stelle. Einige werden vom geistigen Frieden angezogen, andere verweilen bei einem bestimmten Ideal oder suchen spirituelle Erfahrungen, wieder andere wünschen sich Erkenntnis. Meditation wird außerdem auf drei Wesensebenen erfahren, Körper, Seele und Geist, was Abwechslung in die Übung bringt. Die meiste Zeit über meditiert man auf der Ebene der Seele, das heißt in der eigenen inneren Welt: Gedanken, Empfindungen, Gefühle, Wille. Es ist eine Welt aus Bildern, unterschiedlichen Eindrücken, in der sich Weisheit in der Reflexion zeigen kann, denn man ist ruhiger, da man sich vorübergehend in eine Situation des Rückzugs, der Stille begeben hat. Man gelangt bereits auf dieser Ebene zu großem Verstehen, Trost und Wohlbefinden, doch es handelt sich nicht um den Zugang zur *Äther*ebene. Um auf diese Ebene aufzusteigen (die jener des Geistes entspricht), braucht man mehr Zeit und Vorbereitung. In allen Fällen ist es am wichtigsten, sich zu den eigenen Zielen zu befragen: Was erwarten wir von der Meditationsübung, zu der wir uns verpflichten möchten? Dann können wir das auswählen, was am besten zu uns passt.

1. Meditation auf der Ebene des Körpers

In der heutigen Zeit praktiziert eine große Zahl von Menschen im Westen die Meditation, um Ruhe und Frieden zu finden. Es geht darum, das Stressniveau zu senken, es sogar in Ausgeglichenheit und geistige Ruhe zu transformieren. Die Meditation ist ein praktisches Werkzeug im Dienste des inneren Wohlbefindens. In diesem Fall ist der eigene Körper Gegenstand der Konzentration:

- Man beginnt bei der Atmung, auf die man sich eine Zeit lang konzentriert,

- dann lenkt man die Achtsamkeit auf die körperlichen Zustände: Spannungen oder Muskelschmerzen, in die man hineinatmet, den Fluss der Gefühle, der den Körper durchströmt,
- bis man schließlich eine gewisse Ruhe und Wohlbefinden erlangt, die vom physischen Körper bis in die Psyche reichen.

Widmet man sich regelmäßig der Entspannung (ein angemessenerer Begriff als Meditation), erlangt man schließlich *mehr* als Ruhe. Von der physischen Sphäre ausgehend (Verlangsamung der Atmung, des Pulses, Lösen der Muskelverspannungen usw.) erreichen diese Vorteile langsam auch die seelische Sphäre (innere Ruhe, Bewusstwerdung des jetzigen Moments, Gefühl, fest verankert und ausgeglichen zu sein, tiefere Ziele zu berühren, besseres Selbstverständnis und bessere Selbstakzeptanz bis hin zur Bewusstwerdung der spirituellen Dimension des eigenen Wesens). Dies sind einige der Auswirkungen, die sich durch Entspannung ergeben können. Die Entspannung ist ein erstes Meditationsstadium. So wünschenswert sie auch ist, beinhaltet sie jedoch keine grundlegende Veränderung und bewirkt nicht, dass der Mensch von der irdischen zur himmlischen Ebene aufsteigt.

2. Meditation auf der Ebene der Seele oder Psyche

Dann gibt es jene, die mehr aus inneren Gründen meditieren und versuchen, höhere Bewusstseinszustände zu erfahren, die Gotteserfahrung oder die Erfahrung der transzendenten Dimension ihres Wesens zu machen. Diese Meditationsart findet sich oft in Traditionen, religiösen oder anderen Strömungen. Man ist Anhänger einer bestimmten Philosophie oder Religion (buddhistisch, orthodox oder andere). Man kann einem orientalischen oder westlichen Meister folgen, dessen Lehren und Sicht- oder Verfahrensweisen man anwendet. Nachdem man das erste Meditationsstadium erreicht hat (Konzentration auf die Atmung), fährt man fort, indem man sich auf *Mantras* konzentriert (*Mantra* bedeutet *Gedankeninstrument* und stammt aus dem Sanskrit), Beschwörungsformeln,

Wörter oder Sätze, die man so lange wie möglich innerlich wiederholt. Diese manchmal im Sanskrit belassenen *Mantras* werden nicht zwangsläufig vom Intellekt verstanden, sie wirken aber in der psychologischen Sphäre und bewirken, dass man andere Bewusstseinszustände erreicht. Oft gibt der Meister dem Meditierenden ein persönliches *Mantra,* das speziell für ihn geeignet und den anderen unbekannt ist.

Natürlich gibt es in den meisten Religionen gleichwertige Meditationsarten. So basierte die erste formelle jüdische Meditation auf dem hebräischen Alphabet, das als göttliche Sprache angesehen wurde, mit der Gott die Welt erschaffen hatte. Sich das Alphabet anzuschauen lief darauf hinaus, die Erfahrung der Schöpfungsquelle zu machen und somit eins zu werden mit dem Schöpfer. Bei den Christen ist es das *kontemplative Gebet.* Die ersten großen christlichen Meditierenden waren die Väter der Wüste Ägyptens und Palästinas im 3. und 4. Jahrhundert, die in beinahe vollkommener Einsamkeit lebten und das Gottesbewusstsein durch die Wiederholung heiliger Formulierungen pflegten.

Es gibt noch weitere Varianten des *Mantras,* zum Beispiel die Kontemplation des Bildes eines heiligen Wesens oder Heiligen oder auch das Psalmodieren von Gebeten.

Bei dieser Meditationsart hat man oftmals sehr mächtige psychische Erfahrungen: Bewusstseinserweiterung, das Gefühl, zum Universum zu werden, das eigene göttliche Wesen zu berühren (Buddha, Christus oder Gott). Man kann erreichen, was man den Zustand der Absorption oder *Samadhi* nennt. Im Zustand des *Samadhi* verschwindet die Empfindung, ein abgetrenntes *Selbst* zu sein, um nur noch Platz für den Gegenstand der Aufmerksamkeit zu machen. Die Praxis der Konzentration kann, wenn sie bis zu ihrem ultimativen Ziel hin betrieben wird, zur Vereinigung mit dem Meditationsgegenstand führen. So gelingt es, große innere Glückseligkeit zu empfinden. Verweilt man dort, ist diese Erfahrung jedoch kaum bereichernd, denn sie ist nicht schöpferisch und transformiert den Meditierenden kaum.

3. Meditation auf der Ebene des Geistes: Erlernen der Sprache des Engels

Es gibt ein drittes Stadium, durch das die Meditation zu einem Weg des Wissens wird, genauer gesagt zu einer **Kunst des Wissens.** Denn wissen heißt nicht nur erkennen, sondern auch erschaffen. Es ist ein schöpferischer Akt.

Jedes Wissen ist eine Geburt. Eine Geburt der Welt im eigenen Selbst, in den anderen oder eine Geburt der anderen im eigenen Selbst. Und diese Geburt im Wissen ist etwas Bewundernswertes, weil wir durch sie zu neuen Wesen werden. Durch sie werden wir zu freien Wesen.

Die auf der Ebene des Geistes praktizierte Meditation wird zur *Sprache,* zur schöpferischen *Sprache* ... Sie ist das Werkzeug, das uns erlaubt, zur universalen Sprache des Engels Zugang zu finden, die ein bisschen einer Fremdsprache ähnelt, die man durch Lernen, Wiederholungen und praktische Übungen erlernt.

Wir sind fortwährend in die spirituelle Welt versenkt, und pausenlos entstehen kosmische Gedanken in unserem Kopf, kosmische *Vorstellungen** in unserem Herzen und kosmische Liebe in unseren Gliedern, doch wir ergreifen sie nicht bewusst, denn wir besitzen nicht die innere Struktur, um sie zu verstehen. Der Engel flüstert uns den ganzen Tag lang diese Gedanken ein, diese *Vorstellungen* und diese Liebe, doch wir hören ihn nicht, weil wir uns isoliert haben, uns von der Welt des Geistes abgetrennt haben.

Der Engel spricht eine himmlische Sprache, in großen *Vorstellungen,* in einer Form, die wir nicht gewohnt sind, die anders ist als unsere Art, miteinander zu kommunizieren. Sie ist Ausdruck des Werdens der Welt und des menschlichen Potenzials, großer moralischer *Ideale,* der Geschichte des Universums und der Menschheit. Wir können ihn nur *hören,* wenn wir seine himmlische Sprache gelernt haben, das heißt unser Denken universell geschult haben. Lernen ist der Ausgangspunkt, um wie ein Engel zu denken und den eigenen Engel bewusst zu hören. Man muss sich die Struktur erschaffen, um mit dem Klang seiner himmlischen Stimme mitzuschwingen, um fähig zu sein, die Melodie der spirituellen Welt und die Musik der Zukunft zu hören.

Um Illusionen zu vermeiden, ist es wichtig zu verstehen, dass man den eigenen Engel ohne die Bemühung, das Denken zu transformieren, nicht wirklich *hören* kann, denn das Denken ist heute zu intellektuell und materialistisch geprägt. Nun denken Engel aber nicht wie menschliche Wesen, da sie ja nicht irdischer Herkunft sind und keine Sinnesorgane haben. Sie können die Menschen nicht so sehen, wie diese sich gegenseitig sehen. Wir müssen uns also die Mühe machen, zu ihnen in die *Mond*welt aufzusteigen, unser Bewusstsein zum Herzen zu erheben, um auf himmlische Art und Weise zu denken.

Die Meditation als himmlische *Sprache* beinhaltet vier Schritte, die ein Ganzes bilden:

1. Lernen
2. Bewusstwerdung
3. Formgebung
4. Veröffentlichung

1. Lernen

Meditation ist der Weg, der dazu führen kann, sich selbst zu kennen. Dieser Weg ist mit den Steinen des Wissens gepflastert, zu dem andere Zugang gefunden haben. Man kann jedoch heute nicht mehr einfach mittels Meditation in die spirituelle Welt eintreten, indem man das Lernen umgeht und das Denken vermeidet. Ohne Lernen kommt man zu bereits

Erlebtem, zu Empfindungen, die sich als exakt herausstellen können, oder zu Visionen, jedoch nicht zu Wissen. Die einfache Tatsache, Bilder zu sehen, ist nicht Wissen; die einfache Mitteilung von Wahrnehmungen ist auch nicht Wissen. Ohne vorheriges Lernen kann man nur passiv spirituelle Impulse empfangen; man bringt nichts aus sich selbst hervor.

Die Werke der großen Meister des Lebens lesen, versuchen, die Bedeutung ihrer Worte zu erfassen, sich eine feste Meinung über den Sinn bilden, den man seinem eigenen Leben geben will - so gestaltet sich diese Phase des Lernens. Man soll nicht glauben, dass man ohne Meister, Führer oder Modelle auskommen kann und dass es möglich ist, im Laufe eines einzigen Lebens das zu finden, was die Großen der Menschheit in mehreren tausend Jahren ergründet haben, die zudem in ihren Arbeiten stets auf den Werken der Vorgänger aufgebaut haben.

Vorheriges Lernen ist notwendig, um aus der Meditation einen schöpferischen Akt zu machen. Dieses Gesetz gilt übrigens nicht nur für die Meditation, sondern für alle Wissenschaften: Niemand wird eine Frage wissenschaftlich angehen, ohne sich im Vorhinein über die Forschungsergebnisse anderer informiert zu haben.

Beim Studium spiritueller Fragen gilt dieses Gesetz noch aus einem anderen Grund: Das Studium der spirituellen Forschungsergebnisse ist ein erster Schritt zur Praxis der Meditation, denn man schult damit das Denken für die Meditation. Bei der Lektüre eines Buches wie *Vom Wirken der Engel* von Rudolf Steiner wird das Denken auf andere Art in Bewegung gebracht als zum Beispiel bei der Lektüre eines medizinischen Handbuchs. Der Mediziner schildert die präzise Beobachtung, der spirituelle Suchende die Beobachtung der spirituellen Welt.

Um dem eigenen Denken Form zu geben, liest man natürlich auf unterschiedliche Weise und lässt sich unterschiedlich von der Lektüre inspirieren. Das Denken muss modelliert und sehr geschmeidig werden, um zu erfassen, was umfassend ist und das normale Bewusstsein übersteigt. Wir müssen so anfangen, dass wir die Wirklichkeiten der spirituellen Welt verstehen lernen, indem wir Texte lesen, die uns über Engel informieren und die uns als wahr erscheinen. Dieses Wissen muss uns berühren, als ob wir den Eindruck hätten, es wieder zu erkennen oder uns verschwommen daran zu erinnern.

Dieses Wissen erlangt man, indem man sich in einen Winkel zurückzieht, um ruhig zu lesen. Man widmet sich der meditativen Lektüre. Man liest langsam und schließt von Zeit zu Zeit die Augen, um das spirituelle Wissen in sich selbst wiederherzustellen. Natürlich kann man so nicht seitenweise lesen. Man liest drei oder vier Seiten auf einmal, allerhöchstens ein Kapitel, und versucht, das Werk gut zu verstehen. Man kann das Buch mehrere Male lesen, um sich die Art und Weise einzuprägen, wie die spirituellen Gedanken formuliert werden, und sich daran zu gewöhnen, an Fragen zu denken, die uns vollkommen fremd erscheinen und uns übersteigen. Die meditative Lektüre erlaubt den Kräften des Herzens, in das Denken aufzusteigen, und macht es geschmeidig, warmherzig und lebendig.

Am Anfang des Weges, wenn man beginnt, die Geschichten geistiger Wesenheiten oder der Entwicklung der Erde zu lesen, fühlt man sich von diesem Wissen nicht angezogen. Man fragt sich, welche Verbindung es zu unserem Leben hat und was es uns bringen könnte. Heutzutage lebt man viel zu sehr im Geiste der *Nützlichkeit,* in der Auffassung, Kenntnisse zu erwerben, um sie sich im Alltag irgendwie zunutze zu machen. Doch Wissen kommt oft unerwartet zum Vorschein. Es ist nicht nützlich, sondern es ist moralischer Natur. Es ist verbunden mit Erstaunen und Visionen, mit einem tiefen Verständnis der Welt, der anderen und der menschlichen Existenz. Indem man langsam liest, sich alles einprägt, sich Zeit lässt, beginnt man, das spirituelle Wissen zu lieben, und das Herz verbündet sich mit dem Denken. Das ist Liebe zum Wissen: Denken und Liebe vereinigen sich. Es ist die erste Phase der Transformation des Denkens: die unabdingbare Phase des Lernens.

2. Bewusstwerdung

Beim Lernen entstehen Gedanken darüber, was zum Beispiel Engel, Schicksal oder Karma, die Entwicklung der Erde usw. sind, all jene Kenntnisse, die sehr umfangreich sind und denen man mit der Zeit Form geben und von denen man sich ein Bild machen kann. Um Bewusstwerdungen mit dem eigenen Engel zu erfahren, hat man sich im Vorhinein Wissen über ihn angelesen, indem man die Schriften Eingeweihter studiert hat, die selbst über dieses Thema nachgesonnen haben. Bringt man keinerlei Wissen mit ein, dann gibt es auch keine Bewusstwerdung. Zwar kann man Wärme, Liebe und Frieden im Herzen spüren und vielleicht im Inneren etwas erfahren, aber Wissen über den eigenen Engel kann man so keinesfalls erlangen: Man wird ihn mittels innerer Anstrengung nicht herbeirufen können. Hat man jedoch bereits über den Engel oder das eigene Schicksal nachgedacht, bringt man alle Gedanken zu diesem Thema mit ein. Dies ist die meditative Phase: Man denkt nach, indem man wiederherstellt, sammelt, zusammenfasst, was man kennt, was man in den Büchern gelesen hat, was man in der letzten Zeit gelernt hat.

Rudolf Steiner erklärt, dass es in dieser Phase darum geht, sich auf einige Lehren in Verbindung mit höherem Wissen zu konzentrieren, die einfach erfassbar und überprüfbar sind (sie müssen aus den höheren Lehren der Eingeweihten ausgewählt werden, die auf dem Weg vorangeschritten sind und bereits vom Geist erfasst wurden). Diese Gedanken platziert man im Zentrum des eigenen Bewusstseins mit dem starken Willen, sie in sich selbst neu zu erschaffen (sie innerlich neu zu formulieren, nachzudenken, sich selbst Fragen zu stellen und sich für ein neues Verstehen zu öffnen), und man versenkt sich so lange wie möglich in ihnen.

Aus dieser Wiederherstellung entspringt eine Bewusstwerdung, die nichts anderes ist als ein Denken, das vor Leben sprudelt. Es erscheinen Gedanken, die Empfindungen und Fragen aufwerfen. Man erfährt eine Art autonomes Leben der Gedanken. Die auf diese Weise meditierten Gedanken entwickeln ein eigenes Leben, eine innere Beweglichkeit, die ihnen zu eigen ist. Sie sind lebendig; man könnte fast sagen, dass sie von Wesen bewohnt sind. Man tritt in Kontakt mit dem Lebensatem, mit der Engels-Kraft, die den Lebenserfahrungen und allem Wahrgenommenen zu Grunde liegt. Man findet Zugang zur Sicht des Inneren der Welt, und man sieht vorübergehend die Menschen durch die "Augen" des eigenen Engels.

3. Formgebung

Bewusstwerdung wird zu Wissen, wenn man ihr eine Form gibt, so dass andere durch Nachdenken ebenfalls zu diesem Wissen gelangen können.

Der Bewusstwerdung gibt man Form, indem man sie heranreifen lässt. Man "bebrütet" die eigene Bewusstwerdung mit der Wärme des Herzens. Man lässt ruhen, was man verstanden hat. So entsteht eine wahre Alchemie, ein innerer "Ackerbau". Die Wärme wirkt auf die Bewusstwerdung wie die Hände eines Töpfers auf den Ton. Sie modelliert, formt, strukturiert und gibt dem Angeeigneten und Formlosen eine Form. Man ist in der Lage, deutlich das zu benennen, was man empfunden hat. Man kann das im Inneren Erlebte neu formulieren, wieder und wieder, um es noch deutlicher, klarer, einfacher und verständlicher für alle und jeden zu machen.

Derjenige, der Bilder sieht, erfährt Gnade. Das Formulieren ist jedoch keine Gabe, denn es ist nur auf der Erde zu erlernen. In der spirituellen Welt gibt es keine menschliche Sprache. Das Formulieren kann nur auf der Erde eingeübt werden.

4. Veröffentlichung

Was man ergründet hat, muss veröffentlicht werden. Bereicherung durch Geisteswissen entsteht ausschließlich durch Übermittlung an andere, durch Kommunikation.

Man muss lernen, das, was einfach nur durch Kommunikation übermittelt wurde, von dem zu unterscheiden, was man selbst erlernt hat. Zwischen beiden besteht ein großer Unterschied. Ein untrügliches Kriterium für echte spirituelle Suche ist das eigene Formulieren, der persönliche Stil (in dem das Universum gewissermaßen individualisiert ist). Der Graf Georges Buffon (1707-1788) sagte: "*Wie der Stil, so der Mensch.*" Weder das, was er tut, noch das, was er weiß, verrät das Wesen eines Menschen, sondern wie er es weiß und wie er es tut.

Die Art und Weise des Lernens zeigt klar und deutlich, ob das Wissen vollkommen frei vom Menschen erfasst wurde oder ob dieser vom Wissen erfasst, ja sogar vereinnahmt wurde. Die vorchristliche Erleuchtung, bei der eine fremde und übersinnliche Kraft dem Menschen Sinne und Bewusstsein entriss, wird der fortlaufenden Entwicklung nicht mehr gerecht. Der Entwicklung der Menschheit entsprechend hat sich im Laufe der Zeit die Natur der Erleuchtung so weit transformiert, dass sie dem Menschen seine *Freiheit* lässt. Wahrheit kann niemand dadurch erfassen, dass sie die Herrschaft über den Menschen übernimmt; sie begegnet nur demjenigen, der ihr die Hand reicht. Wovon wird dann jener ergriffen, der im Sinne der früheren Erleuchtung von einer höheren oder zumindest nicht fühlenden Macht überwältigt wird? Nicht von einem Geist der Wahrheit, sondern von einem rückständigen Geist (einem Geist, der sich dem Menschen wie in vorchristlicher Zeit aufdrängt, der sich also unserem Zeitalter gegenüber, in dem der Mensch der spirituellen Welt vollkommen frei gegenübertreten soll, im Rückstand befindet). Der rückständige Geist ist per se ein verlogener Geist. Es existieren mehrere davon, und am schwierigsten auszumachen sind jene, die in Begleitung eines guten Teils Wahrheit daherkommen.

Es geht also weder um simple Kommunikation noch um ein Diktat jenseitiger Wesen. Entscheidend ist vielmehr die Ordnung und die Bewegung, die man seiner Darlegung oder seinem Leben angedeihen lässt. Die der Sprache verliehene Form ist es, die Verbindungen zwischen den

Bildern zugänglich für die Erfahrung macht. Das erfordert stets große Anstrengung und viel Zeit. Aus diesem Grund darf der Anfänger sich nicht darin üben zu kommunizieren, sondern muss lernen und schweigen. Im Gegensatz dazu hat der Erfahrene die Pflicht, seine Erfahrungen bei der Ergründung des Geistes für andere fruchtbar zu machen. Einfache Kommunikation trägt keine Früchte. Sie muss so formuliert werden, dass der Leser oder Zuhörer dazu angeregt wird, sich selbst kennen zu lernen. Das ist der entscheidende Punkt.

Der Weg des Wissens beginnt mit Lernen und endet mit der Kommunikation des Ergebnisses. Am schwierigsten ist es, das Objekt der Vision in die Sphäre des normalen Bewusstseins abzusenken (drittes Stadium der Meditation). Aus diesem Grund gibt es wesentlich mehr Hellsichtige als Ergründer des Geistes. Denn die Vision ist der Ursprungszustand. Sie war ein gemeinsames Gut der Menschheit, als diese noch von den Göttern abhing. Das logische Denken dagegen, Garantie für spirituelle Autonomie, existiert erst seit dem Zeitalter der griechisch-römischen Zivilisationen, und ist heute der Ausgangspunkt für Wissen. Derjenige, der noch immer hellsichtig sein und dabei die Vernunft oder den reinen Menschenverstand außer Acht lassen will, weist demnach wahre spirituelle Entwicklung von sich.

Die schöpferische Meditation verlangt, dass man ihr einen Platz im eigenen Leben einräumt. Es ist eine Aufgabe, die oft insofern recht schwierig ist, als sie von uns fordert, uns für einen Moment von unseren Beschäftigungen abzuwenden, um uns für einige universelle Gedanken zu interessieren, die nicht direkt mit uns selbst zu tun haben und auf die wir uns konzentrieren müssen. Es ist absolut überflüssig, sich damit zu rechtfertigen, keine Zeit dafür zu haben, denn schließlich liegt es auf der Hand, dass die einer Aktivität gewidmete Zeit der Bedeutung entspricht, die man ihr beimisst.

ZUSAMMENFASSUNG VON KAPITEL 4

Der Mensch setzt sich aus vier Bestandteilen zusammen:

1. physischer Körper
2. *Äther*körper
3. Astralkörper
4. Selbst

Jeder befindet sich auf einer anderen Existenzebene.

Der Engel hat keinen physischen Körper und nimmt den von einem Mineral auf der physischen Ebene eingenommenen Platz als Leere wahr.

Der Mensch kann seinem Engel mittels Meditation in seinem eigenen Herzen begegnen.

Die Meditation wird auf den drei Wesensebenen erfahren:

KÖRPER, SEELE und **GEIST.**

Auf der Ebene des Geistes ist die Meditation ein Akt des Wissens:

das Erlernen der Sprache des Engels.

Dieses Wissen erlangt man über vier Stufen, die ein Ganzes bilden:

1. Lernen
2. Bewusstwerdung
3. Formgebung
4. Veröffentlichung

ÜBUNGEN

1. Die eigene Art zu lesen beobachten
2. Gedanken erschaffen und ihnen Form geben
3. Meditatives Lesen, um das eigene Innenleben zu erbauen

1. Die eigene Art zu lesen beobachten

- Beobachten Sie sich selbst bei der Lektüre eines guten Buches, das von einem Autor geschrieben wurde, der wichtige Dinge mitzuteilen hat.
- Fangen Sie nach einer Stunde an, unruhig zu werden und durch die Seiten zu blättern?
- Lesen Sie eine Seite, die Ihnen beim ersten Lesen nicht verständlich erschien, noch einmal durch?
- Sinnen Sie über die Thesen des Autors nach?
- Suchen Sie nach Antworten?
- Machen Sie sich eigene Vorstellungen zu dem Thema?
- Versuchen Sie, den wahren Sinn der Worte des Autors zu verstehen, oder weisen Sie den Autor zurück und geben anderswo gelesenen oder gehörten Kritiken Recht?
- Haben Sie die Neugier, zu neuen Kenntnissen zu gelangen, oder bestärken Sie sich selbst durch ablehnende

Argumentation in Ihren Vorstellungen, selbst, wenn diese falsch sind?

- Versuchen Sie generell, die Meinung des Autors in ihrer Essenz zu erfassen, auch auf die Gefahr hin, weniger Bücher zu lesen, weil Sie mehr Zeit dafür verwenden?

2. Gedanken erschaffen und ihnen Form geben

- Platzieren Sie zunächst Ihr Bewusstsein in Ihrem Herzen (wiederholen Sie bei Bedarf die Verfahrensweise aus der Übung am Ende von Kapitel 2).
- Wenn Sie sich wohl fühlen und in Frieden mit sich selbst sind, stellen Sie sich einige Fragen zu Ihrem Intellekt:

    1. Haben Sie Ihrem Intellekt erlaubt, sich zu entfalten und sein Potenzial zu entwickeln?
    2. Wenn nicht, warum nicht? Was hat Sie daran gehindert zu lesen, sich selbst Fragen zu stellen und sich Ihre eigenen Vorstellungen zu machen?
    3. Zu welchen Zwecken benutzen Sie Ihren Intellekt?
    4. Entspringen Ihre Vorstellungen dem Willen Ihres Egos oder vermitteln sie eine Bewusstwerdung des universellen Bedürfnisses nach Gleichgewicht und Wiedergutmachung?
    5. Erhöht Ihre aus Ihrer Suche und der Weiterentwicklung Ihres Wissens hervorgegangene Kreativität Ihr spirituelles Leben und das Leben jener, die Sie umgeben?

6. Welche Verpflichtung können Sie eingehen, um sich selbst die Zeit zu nehmen, in aller Ruhe zu lernen?

- Nehmen Sie dann einige lange und tiefe Atemzüge, und kehren Sie ruhig in das Wachbewusstsein zurück, indem Sie wieder die Augen öffnen.

3. Meditatives Lesen, um das eigene Innenleben zu erbauen

Diese Übung erlaubt es, vorhandene Texte als Meditationsgrundlage zu benutzen.

- Wählen Sie aus dem Evangelium oder jedem anderen Buch mit hohem spirituellem Inhalt einen kurzen Auszug, der Sie aus spiritueller, intellektueller oder emotionaler Sicht anspricht. Schreiben Sie ihn auf ein Blatt Papier ab, um sich besser konzentrieren zu können.

- Beginnen Sie mit zehn Minuten und verlängern Sie allmählich die Dauer Ihrer Sitzung bis auf eine halbe Stunde. Setzen Sie sich mit geradem Rücken auf einen Stuhl oder auf den Boden.

- Bevor Sie erneut das Aufgeschriebene lesen, danken Sie Ihrem Engel für seine Hilfe bei Ihrer Wahrheitssuche. Dann lesen Sie langsam den Text, wobei Sie Pausen einlegen, um sich selbst Zeit zum Nachdenken zu geben. Lesen Sie ihn ein zweites Mal.

- Schließen Sie anschließend die Augen und verbringen Sie die übrige Zeit damit, den Text im Inneren zu rekonstruieren. Es liegt an Ihnen zu entscheiden, ob Sie sich den Text erneut vornehmen möchten.

- Lassen Sie aus Ihren Gedanken Worte, Ideen und Gefühle hervorsprudeln. Wenn Sie glauben, dass Sie sich von Ihrem Ziel entfernt haben, sehen Sie sich den Text nochmals an. Versuchen Sie zu verstehen, wie die darin enthaltene Weisheit Ihnen helfen kann.
- Lesen Sie am Ende der veranschlagten Zeit noch einmal langsam den Text und danken Sie Ihrem Schutzengel dafür, diesen Text in Ihre Hände gelegt zu haben. Wenn Sie möchten, halten Sie Ihre Beobachtungen und unterschiedlichen Verstehensweisen in einem spirituellen Notizbuch fest.

Oh wüsstest du,
wie sehr dein Antlitz sich verändert,
wenn du mitten in dem Blick,
dem stillen, reinen, der dich mir vereint,
dich innerlich verlierst und von mir kehrst!
Wie eine Landschaft, die noch eben hell,
bewölkt es sich und schließt mich von dir aus.
Dann warte ich.
Dann warte schweigend ich oft lange.
Und wär ich ein Mensch wie du,
mich tötete verschmähter Liebe Pein.
So aber gab unendliche Geduld der Vater mir
und unerschütterlich erwarte ich dich, wann immer du kommst.
Und diesen sanften Vorwurf selber nimm als Vorwurf nicht,
als keusche Botschaft nur.

Christian Morgenstern
(1871-1914)

Kapitel 5

DIE VERKÜNDIGUNG

Die Verkündigung in allen Traditionen

Die *Verkündigung* ist der Oberbegriff für eine Szene im Evangelium des Lukas, in der die junge Maria (die Jungfrau Maria) vom Engel Gabriel besucht wird, der ihr verkündet, sie werde die Mutter des Messias sein. Es ist eine Geburt, die so außergewöhnlich ist, dass sie von einem Engel angekündigt wird. Diese Begegnung zwischen einem Engel und einem menschlichen Wesen, die die Welt in erster Linie durch die Bibel und die Evangelien kennt, ist eine universelle Tatsache, denn in fast allen Traditionen findet man ihre Spuren.

In der Bibel (Buch der Richter, 13, 3-5) sendet der Herr einen Engel zur Ehefrau Manoachs, um ihr zu verkünden, dass sie bald Mutter sein wird. "*Und der Engel des Herrn erschien der Frau und sprach zu ihr: Siehe, du bist unfruchtbar und hast keine Kinder, aber du wirst schwanger werden und einen Sohn gebären. So hüte dich nun, Wein oder starkes Getränk zu trinken und Unreines zu essen; denn du wirst schwanger werden und einen Sohn gebären, dem kein Schermesser aufs Haupt kommen soll. Denn der Knabe wird ein Geweihter Gottes sein von Mutterleibe an; und er wird anfangen, Israel zu erretten aus der Hand der Philister.*" In der Genesis erfährt man, wie Sarah, die Ehefrau Abrahams, eine *Verkündigung* erlebt, als ihr die drei Engel von Mamre erscheinen und ihr verkünden, dass sie trotz ihres fortgeschrittenen Alters noch ein Kind haben wird. Danach findet sich in der Heiligen Schrift regelmäßig das Thema der *Verkündigung*. Sie findet stets an einem Brunnen statt und endet mit einer Hochzeit (zum Beispiel bei Isaak/Rebekka, Jakob/Rachel oder Moses/Zippora). Was symbolisiert der Brunnen? Auf der Erde ist ein Brunnen ein runder, tiefer und enger, in die Erde gegrabener Hohlraum, der dazu dient, an Grundwasser zu gelangen. Der Zweck des Brunnens ist es, Wasser holen zu gehen. Wenn man diese Idee auf die innere Welt überträgt, kann man sich vorstellen, dass man einen Brunnen graben und sich zum *lebendigen Wasser* begeben muss, das sich im tiefsten Inneren des Selbst befindet. Die Begegnung mit dem eigenen *lebendigen Wasser* ist wie eine Begegnung mit einem jungen Mädchen. Man findet das, was im Selbst am lebendigsten, schönsten und *jüngsten* geblieben ist: das eigene göttliche Stück Land. Dieses göttliche Stück Land heißt auch *Höheres Selbst,* Engel oder *weibliche Ewigkeit.* Die Begegnung mit dem eigenen *lebendigen Wasser* geht mit einem Gefühl der Fülle einher. Das auf dem Grund unseres Selbst entdeckte *Wasser* kann uns tatsächlich erfüllen und uns ein Gefühl der Vollkommenheit geben, als ob wir den *verlorenen* (vergessenen) Teil unseres Selbst wieder finden würden. Dieses *lebendige Wasser* in sich selbst ansteigen zu lassen, sich davon erfüllen zu lassen, ihm freien Lauf zu lassen, bedeutet, sich mit der eigenen spirituellen Dimension zu vereinen. Es ist die Hochzeit mit dem tiefsten Selbst, die mit der Geburt eines neuen Menschen endet. In diesem Sinne kann man sagen, dass der Brunnen im Symbolismus auf die Herstellung einer Verbindung mit der spirituellen Welt und die Vereinigung mit dem Göttlichen hinweist.

Eine *Verkündigung* ist eine Begegnung mit dem eigenen *lebendigen Wasser,* das heißt mit dem eigenen Engel oder *Höheren Selbst.* Solche Begegnungen erleben wir öfter als wir glauben, wir sind uns dessen nur nicht bewusst. Eines Tages werden wir alle so weit kommen, sie bewusst zu erleben. Die Künstler, insbesondere die des Christentums, haben sich nicht getäuscht, da das Thema der *Verkündigung* in den künstlerischen Werken stark vertreten ist. Es hat vor allem berühmte Maler wie Fra Angelico, Raffael, Botticelli, Leonardo da Vinci und in neuerer Zeit El Greco oder auch die Präraffaeliten wie Edward Burne-Jones oder Dante Gabriel Rossetti inspiriert. Ich habe festgestellt, dass die Kulisse der *Verkündigung* manchmal um einen Springbrunnen herum gemalt wurde, von dem im Text des Evangeliums nichts erwähnt wird. Diese Darstellungsweise der *Verkündigung* ist nicht aus dem Evangelium des Lukas hervorgegangen, sondern vielmehr aus einem alten apokryphen Text, in dem die Szene zweimal beschrieben wird. Der Engel soll Maria zum ersten Mal erschienen sein, als sie Wasser holen ging (hier findet man die Symbolik des Brunnens wieder). Verängstigt soll sie daraufhin nach Hause gelaufen sein, wo der Engel ihr dann ein zweites Mal erschienen sein soll.

In unserem Alltag haben wir oft Engelsbegegnungen und -erfahrungen. Wir werden von unserem Engel *besucht,* der uns gute Nachrichten für unsere Seele *verkündet.* Wie Maria erleben wir *Verkündigungen,* doch wir nehmen sie nicht wahr.

Die Engelserfahrung ist eine Erfahrung unserer Zukunft. Wenn wir in unserer Zukunft schöpferisch, brüderlich, frei oder zuversichtlich sind, so bedeutet das, dass wir vorher die *Absicht* hatten, so zu werden. Diese *Absicht* lebt also als Keim bereits in uns. Wir müssen uns die Mühe machen, sie bewusst zu ergreifen, um mit ihr mitzugehen und sie weiterzuentwickeln. Die einzige Methode, die ich kenne, um die eigene moralische *Absicht* zu erkennen, ist die meditative Haltung oder die Kunst der Achtsamkeit. Denn es ist eine wahre Kunst, auf das zu hören, was versucht, im Herzen zu entstehen. Es ist eine Kunst, die auf dem Weiblichsten in unserem Selbst gründet; sie besteht aus Stille, aus der Öffnung für etwas Größeres als wir selbst und aus Akzeptanz. Aufmerksames Zuhören ist die *marianische* Kunst schlechthin. Es ist eine Kunst, die die Pforten zur *Verkündigung* öffnet.

Die vier universellen Stufen der Verkündigung

Wir ergreifen unsere moralischen *Absichten* durch *Verkündigungen.* Der Engel kommt zu uns, um uns still unsere *Absicht* (das, was wir werden) zu *verkünden,* und wir schenken ihm keine Aufmerksamkeit. Als Hilfe, um stets aufmerksam für das Flüstern des Engels im eigenen Selbst zu sein, kann man sich von den vier universellen Stufen inspirieren lassen, die jeder *Verkündigung* zu eigen sind. Diese Stufen lassen sich aus der *Begegnung am Brunnen* aus dem Alten Testament, aber auch aus der von Maria erfahrenen *Verkündigung* herleiten, die man im Evangelium nach Lukas (Lk 1, 26-38) findet.

- Die *Begegnung am Brunnen* verläuft folgendermaßen: Man begibt sich in ein fremdes Land oder in die Wüste, findet einen Brunnen, hat dort eine Begegnung (schöpft Wasser), legt Zeugnis von dieser Begegnung ab und lädt zur Hochzeit ein.
- Der Ablauf der *Verkündigung* ergibt sich direkt aus dem Text im Evangelium nach Lukas: Maria ist zunächst über die Ankunft des Engels erschrocken, dann fragt sie, was dieser Engelsgruß bedeutet, sie fragt, wie diese Geburt sich ereignen soll, und sie akzeptiert, was der Engel von ihr verlangt.
- In beiden Szenarien findet das Ereignis an Hand des Bildes einer Liebesbegegnung mit Annäherung, Empfängnis, Zeugung und Geburt statt.

1. Erschrecken

(Sie aber erschrak über die Rede ...) oder **Reise in ein fremdes Land** (die Annäherung auf physischer Ebene)

Zunächst *nähert* sich der Engel seinem Schützling. Wir können die Annäherung des Engels dadurch spüren, dass wir uns ganz leicht *erschrocken* fühlen: Ein Lichtstrahl, ein kosmischer Gedanke hat uns gerade berührt. In unserer Seele wird ein Funke entzündet. Wir werden unbemerkt in ein *fremdes Land* vertrieben, werden von einem Phänomen berührt, das nicht der äußeren Welt, sondern unserer verborgenen Welt angehört. Unmerklich gehen wir in eine andere Dimension über: in unsere innere Welt. Wir müssen darauf achten, was in uns geschieht. Es kann eine Person sein, die uns etwas sagt, eine Lektüre, mit der wir uns gerade beschäftigen, eine Musik oder ein Kunstwerk, das wir betrachten. Eine sehr subtile *Verbindung* versucht sich zwischen uns und der spirituellen Welt aufzubauen. Diese Verbindung hat nichts Erschütterndes, sondern ist eine leichte Berührung, ein Anstupsen des Herzens. Im Prozess der *Verkündigung* ist dies die Phase der Annäherung.

2. Reflexion

(Sie dachte: Welch ein Gruß ist das?) oder **Ankunft am Brunnen** (Eindringen in den *Äther*körper)

Wir fragen uns nach dem Ursprung dieses *Erschreckens.* Was geschieht in der Tiefe unseres Herzens? Wir müssen eine Wirklichkeit in unserem Schoße entstehen lassen: Welche moralische Eigenschaft, welche Fähigkeit sollen wir nach dem Willen des Engels empfangen? Über diese Frage müssen wir ernsthaft nachdenken. Es ist eine Zeit der Verinnerlichung und der Vertiefung (Brunnen). Das Denken ist in genaue Reflexionen über das *Erschrecken* vertieft und zugleich offen für das Unbekannte, das Nachgeben. Der Engel versucht, uns zu befruchten, damit wir etwas *empfangen.* Es geht darum, sich zu öffnen, dem zuzuhören, was versucht, sich im Herzen zu offenbaren, und uns zum Nachdenken drängt. Wir lassen uns von unserem Engel inspirieren und erlauben dem Atem des Geistes, in unser irdisches Denken vorzudringen. Diese Stufe erfahren wir bewusst durch Meditation oder durch den Zustand der Gnade.

Die Haltung der Reflexion und der Öffnung öffnet uns für die Bewusstwerdung: Wir ergreifen in unserer spirituellen Wirklichkeit ein Konzept, das für uns bisher nur ein Wort war, welches von anderen weitergegeben wurde. Wir "er-fassen" (begreifen) eine universelle Wirklichkeit. Im Prozess der *Verkündigung* ist dies die Phase der Empfängnis (man lässt sich auf der Ebene des Denkens befruchten).

3. Fragen

(Wie soll das zugehen, da ich doch von keinem Mann weiß?) oder **Wasser schöpfen** (Eindringen in den Astralkörper)

Nun sind wir "schwanger". Wie soll man die eigene Bewusstwerdung wachsen und bis ins eigene Leben herabsteigen lassen? Wie soll man dieser neuen Eigenschaft oder Fähigkeit in sich selbst zur Geburt verhelfen? Diese Frage stellen wir der spirituellen Welt und warten geduldig lauschend in absolutem innerem Schweigen auf die Antwort. Wir treten in die Zeit der Reifung oder Schwangerschaft ein. Es ist das Herabsteigen zum Grund des Brunnens, zum Grund des eigenen Selbst. Wir werden von innen *bearbeitet,* als würden wir vollständig *umgepflügt.* Im Hebräischen bedeutet schweigend betrachten "pflügen" *(kherech).* Dieses Verb bezeichnet das Öffnen und Umdrehen (der Erde) mit einem Werkzeug. Indem es die Erde geschmeidig macht, verwandelt das Pflügen den Boden in eine *Erde des Empfangens* und bereitet sie auf die Aufnahme der Saat vor. Es handelt sich also um einen Vorgang, der der Erde erlaubt, sich für die Saat zu öffnen (dafür empfänglich zu werden), sie in ihrem Schoß leibhaftig werden zu lassen und alle Möglichkeiten, die sie in sich trägt, greifbar werden zu lassen. Im Bild des Pflügens findet man genauestens die erste Funktion des Engels wieder: den Menschen dahin zu bringen, sich in eine Bereitschaft zur Öffnung und Empfänglichkeit gegenüber einer spirituellen Wirklichkeit zu begeben, um sie im eigenen Wesen leibhaftig werden zu lassen. Diese Stufe ist oft schwierig, denn für die Öffnung für etwas Größeres als man selbst benötigt man Geschmeidigkeit und Raum. Man muss seine Überzeugungen und sein Kontrollbedürfnis loslassen, ohne jedoch die Verantwortung abzugeben. So erlebt man eine wahre Katharsis (Reinigung). Im Prozess der *Verkündigung* ist dies die Phase, in der man einen Namen ausspricht. Der Name hat eine sehr tiefe Bedeutung, da er etwas enthält, was man *Berufung* nennt. Die Berufung äußerst sich darin, in individueller, einzigartiger Form auf die göttliche Anrufung zu antworten und die eigenen Gaben schöpferisch zu gebrauchen. Man spürt die eigene Berufung gewissermaßen wie eine absolute Notwendigkeit, deren Erfüllung man sich selbst schuldet. Aus diesem Grund ist in der Frage *Wie* enthalten, dass wir ungeachtet der Antwort gehorchen und mit dem eigenen Engel zusammenarbeiten werden, der uns schließlich erlauben wird, in die vierte Phase einzutreten.

4. Akzeptanz und Mut

(Mir geschehe, wie du gesagt hast) oder **Bezeugung und Einladung zur Hochzeit** (Vordringen ins Selbst)

Es gelingt uns, den gegenüber der spirituellen Welt eingegangenen Verpflichtungen eine konkrete Form zu geben. Es ist eine Phase der Vereinigung mit unserem Engel und der Selbsterfüllung. Die spirituelle Welt hat uns gegenüber Zeugnis über ihre Existenz abgelegt. Sie hat sich für uns *sichtbar* gemacht; wir haben es selbst erfahren. Wir gestalten in uns selbst die erkannte Eigenschaft oder Fähigkeit, modellieren den Menschen, der wir in Zukunft sein werden. Wir müssen zum Bildhauer unserer Seele werden, die verhärtete Substanz unserer Gedanken, Gefühle und unseres Willens formen, indem wir einen feineren menschlichen *Teig* herstellen, der nun von neuem den Atem des Geistes aufnehmen kann, denn dadurch, dass wir unser inneres Leben modellieren, kann eine Kraft der höheren Welten sich mit dem neuen Menschen vereinen, der in uns entstehen will. So gelangen wir zum Ende des Prozesses der *Verkündigung:* zur Phase der Nativität. Wir verhelfen uns selbst zur Geburt.

Im Evangelium nennt man das die *zweite Geburt* oder *Wiedergeburt.* Im Verlauf seines nächtlichen Treffens mit Nikodemus, das im Evangelium nach Johannes (3, 3-11) geschildert wird, bittet der Messias ihn, der einer der oberen Repräsentanten des jüdischen Volkes ist, nachzuvollziehen, wie ein Mensch nicht *vom Fleisch* geboren wird, das heißt durch die irdischen Kräfte der Vererbung, sondern *vom Geiste: "Wahrlich, wahrlich, ich sage dir: Es sei denn, dass jemand von neuem geboren werde, so kann er das Reich Gottes nicht sehen."* Nikodemus spricht zu ihm: "*Wie kann ein Mensch geboren werden, wenn er alt ist? (...)*" Jesus antwortet: "*(...) Was vom Fleisch geboren ist, das ist Fleisch; und was vom Geist geboren ist, das ist Geist. (...) Bist du Israels Lehrer und weißt das nicht?*"

Was bedeutet *vom Geist geboren werden*? Es ist etwas, das jedes Mal geschieht, wenn wir in der Lage sind, ein Konzept in seiner spirituellen

Wirklichkeit zu erfassen, das bisher für uns nur ein Wort war, welches von anderen weitergegeben wurde: Dann haben wir den seltsamen Eindruck, gemeinsam mit dem geboren zu werden, was wir verstanden haben. Jeder Mensch schreitet langsam hin zu einer *zweiten Geburt,* an der er mehr oder weniger bewusst teilnimmt, die er jedoch in der Zukunft willentlich durchlaufen muss. Unsere wahre Menschlichkeit erfahren wir nicht einfach durch die körperliche Geburt, sondern sie muss im tiefsten Inneren mit dem bewussten Bemühen zur Transzendenz und zur Verbesserung des eigenen Selbst erzeugt werden. Die *zweite Geburt* ist die Geburt des *Höheren Selbst,* dessen menschliche Seele allmählich während des Wassermann-Zeitalters *entbinden* muss. Dem neuen Menschen in sich selbst zur Geburt zu verhelfen darf jedoch nicht darin bestehen, seine alte Natur zu bezwingen, zu unterwerfen oder abzulehnen. Wir müssen gemeinsam mit unserer Natur voranschreiten, so, wie wir es mit einem Reisegefährten tun. Man darf sich auf dem Weg nicht gegenseitig im Stich lassen. Man muss der Seele mit Sanftheit zur Geburt verhelfen, nicht mit Gewalt.

Die vierte Phase ist die konkrete Transformation. Man verwirklicht neue Verhaltensweisen und neue Fähigkeiten im Alltag. Man legt in Wort und Tat Zeugnis über die Wirklichkeit des eigenen *Höheren Selbst* ab.

In diesem vollständig im Inneren stattfindenden Prozess der *Verkündigung* ist die wichtigste und schwierigste Phase wahrscheinlich die dritte, weil sie darin besteht, dem, was man hervorbringen soll, einen Namen zu geben. Oft trifft man in diesem Stadium auf Hindernisse. So ist im Szenario der *Begegnung am Brunnen* manchmal der Zugang zum Brunnen versperrt (Jakob, der Rachel ehelichen wird, wird durch einen Stein behindert; Moses, der Zippora ehelichen will, wird von Hirten aufgehalten).

Warum ist die Namensgebung so schwierig? Weil sie eine Wahl bedeutet und Verantwortung nach sich zieht. Was benennt man in Wirklichkeit? Man benennt das eigene Ziel. Sich für ein Ziel zu entscheiden heißt, nur eine Sache zu wollen. Nach dem dänischen Theologen und Denker Kierkegaard ist ein Herz rein, wenn es nur eine Sache will. Das bedeutet, dass der Mensch sich für seine Entscheidung selbst ausersieht und sich ihr weiht, dass seine gesamte Energie dem ausgewählten Ziel zufließt. Wenn wir wissen, was wir tun müssen, können wir uns nicht mehr so verhalten, als wüssten wir es nicht. Wir müssen unser Verhalten anpassen an das, was wir wissen.

Dem Namen kommt in allen Einweihungstraditionen eine extrem wichtige Bedeutung zu. Für die Hebräer beschwört er die Essenz des Benannten herauf und besitzt damit eine außergewöhnliche Macht, die seinen Verwender in die direkte Gegenwart des benannten Wesens bringt. Der Name enthält das Geheimnis der Berufung (man beachte den gemeinsamen Ursprung mit *Anrufung).* Die Theologie sagt, die Berufung sei ein Vorgang, durch den die Vorsehung jedem Menschen eine bestimmte Rolle zuweist, die sein persönliches Ziel darstellt. Die Vorsehung ist weder ein leeres Wort noch eine Abstraktion, sondern tatsächlich ein Wesen, eine geistige Wesenheit. Es ist die geistige Wesenheit, die Trägerin unserer Berufung ist. Hier kann man begreifen, dass die Vorsehung, die man auch die göttliche Vorsehung nennt, letztendlich nichts anders ist als der Schutzengel. Der *Engel der Vorsehung* erinnert sich für uns an die *Absichten,* die wir vor unserer Inkarnation in dieses Leben getroffen haben, und lenkt uns während unserer gesamten Existenz in diese Richtung.

Unserem Engel zuzuhören erlaubt es uns allmählich, das zu benennen, was uns im Leben trägt, unser Ziel, das, was uns motiviert und uns atmen lässt. In diesem Namen befindet sich unsere Berufung, unsere Lebens*absicht.* Man erfährt also Gnade, wenn man fähig zur Namensgebung ist, eine Gnade, die uns über das Tier erhebt, da sie uns Verantwortung überträgt. So lange wir noch nicht verantwortungsbewusst genug sind, unfähig, unsere Berufung anzunehmen, sind wir zu keiner klaren Namensgebung fähig. Sobald wir hingegen dazu in der Lage sind, beweist dies nicht nur, dass wir bereit sind, uns zu vervollkommnen (wir haben die Kraft dazu), sondern auch, dass wir zum Schöpfer unserer Zukunft werden. Wir verpflichten uns zu den Anstrengungen, die notwendig sind, um uns auf die Höhe unserer Berufung zu begeben. Wir entscheiden in vollkommener Freiheit, uns selbst eine *Ausbildung* zuteil werden zu lassen, um dem gegebenen Namen zu entsprechen. Wir disziplinieren uns, üben uns in Ausdauer und Regelmäßigkeit, in dem Bemühen, uns zu transformieren. Dadurch, dass wir uns auf die *Erinnerung* an die Begegnung mit unserem Engel stützen, finden wir die Kraft, uns zu disziplinieren, zu dem gegebenen Namen zu werden und das Kind auf die Welt zu bringen.

Der Engel ist Beschützer des Wesens, das in uns entstehen will, dieses Kindes, das die spirituelle Reinheit nicht vergessen hat, aus der es hervorgegangen ist. Die Erfahrung der *Verkündigung* in vier Phasen führt uns stets zu diesem Bild des Kindes, das gerade geboren wurde. Und dieses Kind wird geboren, weil wir die Arbeit auf uns genommen haben, uns spirituell selbst zur Geburt zu verhelfen.

Bewusst eine *Verkündigung* zu erfahren erinnert an einen Tagesanbruch, eine Öffnung für die Zukunft, die die Geburt unserer wahren Menschlichkeit ankündigt. Eine *Verkündigung* ist Trägerin von Kräften, die mit jenen Kräften identisch sind, die man am frühen Morgen spürt, wenn die Dunkelheit noch vorherrscht und sich der erste Schimmer des Sonnenaufgangs ankündigt. Dieses Ereignis ist ein reines Phänomen des Wachstums, ein Prozess des Werdens, des Reichtums und des Aufblühens. Man schöpft neue Kräfte daraus, die regenerieren und das Herz öffnen.

Wenn wir uns zutiefst in ein Projekt versenken können, mit dem Willen, uns einer moralischen Eigenschaft zu öffnen, etwa Autonomie, Freiheit, Öffnung für andere oder Geben unserer selbst, dann bedeutet das, dass der Engel gerade dabei ist, durch uns zu handeln. Wenn wir der Art und Weise Aufmerksamkeit schenken, wie diese moralische *Absicht* sich in unserem Wesen äußert, können wir eine Art Rauschen hören. Ein Hauch, eine Kraft des Wachstums treibt uns an, und wir fühlen, wie wir uns voranbewegen, als ob wir Engelsflügel hätten ... Der Engel ist tatsächlich da. Wir hören das Rauschen der Flügel unseres Engels in uns selbst. Der Engel scheint sich wirklich in uns zu bewegen. Das bedeutet, dass unser gesamtes Wesen in der gewählten *Absicht* lebt. Wir vibrieren und schwingen im Ton dieser *Absicht.* Das geschieht, weil wir viel darüber nachgedacht haben, weil wir reflektiert und meditiert haben, weil wir diese *Absicht* über alles lieben und sich bereits eine gewisse Ungeduld in unserem Körper bemerkbar macht. Außerdem spüren wir eine Angst vor den Veränderungen, die dadurch stattfinden werden. Doch trotz dieser Angst fühlen wir uns bereit zur Verwirklichung. Durch die Kraft des Engels in uns selbst erheben wir uns über unsere eigenen Grenzen, wachsen über uns selbst hinaus und entdecken unsere verborgenen Quellen. Wir werden *mehr* als wir selbst, indem wir es wagen, Dinge zu tun, die wir bisher noch nie getan haben, oder indem wir Verhaltensweisen annehmen, die uns vollkommen unbekannt sind. So treten wir in unsere Zukunft hinein.

Natürlich kann die Begegnung mit dem Engel sich auch durch Gnade ereignen. Dann beruht sie nicht auf einer Bewusstseinsanstrengung, sondern auf einer Gunst der spirituellen Welt. Hier sind wir nicht Schöpfer, sondern werden ermutigt und unterstützt. Es ist ein wohlmeinendes Geschenk, das man mit Dankbarkeit entgegennehmen muss. Eine solche Begegnung findet in Situationen der Verunsicherung statt, in denen wir großer Not, Krankheit oder einem anderen Ereignis ausgeliefert sind, von dem wir in unser innerstes Selbst gestoßen werden. Der Engel erscheint dann (er wird gesehen, gehört oder einfach gespürt) wie ein Tröster, der mit seinen gütigen Flügeln das Herz seines Schützlings umfängt.

Eine dritte Möglichkeit für eine Begegnung mit dem Engel außer der Meditation und der Gnade bietet der Schlaf. Denn wir begegnen unserem Engel jede Nacht. Dieses Thema wird im nächsten Kapitel behandelt.

ZUSAMMENFASSUNG VON KAPITEL 5

Die *Verkündigung* ist der Name einer Szene im Evangelium nach Lukas, in der der Engel Gabriel Maria erscheint und ihr ankündigt, sie werde die Mutter des Messias sein. Diese Szene ist ein von allen Menschen unbewusst erlebtes Urbild.

Eine *Verkündigung* ist eine Begegnung mit dem eigenen Engel. Der Engel kommt zu uns, um uns unsere moralische *Absicht* zu verkünden, das heißt das nächste Ziel, das wir uns setzen müssen, um uns unserem *Höheren Selbst* anzunähern.

Eine *Verkündigung* verläuft in vier Stufen:

1. **Erschrecken** oder **Annäherung**

Wir sind berührt, erschrocken über eine Lektüre, eine Musik, ein Kunstwerk oder jemandes Worte. Unser Herz rührt sich.

2. **Reflexion** oder **Empfängnis**

Etwas wird uns bewusst; wir verstehen eine Wirklichkeit, die wir intellektuell schon kannten.

3. **Fragen** oder **Zeugung**

Die Bewusstwerdung wird zu einer inneren Erfahrung. Wir sind fähig, unser nächstes Ziel zu benennen, auf individuelle Weise auf die göttliche Anrufung zu antworten und unsere Gaben schöpferisch zu nutzen.

4. **Akzeptanz** oder **Geburt**

Wir öffnen uns für das, was wir empfangen haben. Dabei handelt es sich um eine *zweite Geburt*.

ÜBUNG

Meditation der Begegnung mit dem eigenen Engel

Für diese Meditationsübung ist Folgendes wünschenswert:

- Nehmen Sie sich Zeit (versuchen Sie, sich einen ungestörten Zeitraum von 20 bis 25 Minuten am Tag freizuhalten).
- Suchen Sie sich zu Hause einen Ort, an dem Sie sich wohl fühlen oder an dem Sie sicher sind, nicht gestört zu werden (stellen Sie das Telefon ab). Versuchen Sie, diesen Ort persönlich zu gestalten, indem Sie etwas von sich selbst dort aufstellen, so dass Sie sich wohl fühlen (zünden Sie eine Kerze an, benutzen Sie Weihrauch, stellen Sie Blumen auf, legen Sie das Buch dorthin, das Sie gerade lesen, hängen Sie einen Kunstdruck auf usw.). Es ist wie ein Ritual, das Sie auf die Übung vorbereitet und Ihnen erlaubt, sich sicherer zu fühlen, sich also zu entspannen. Versuchen Sie, stets am selben Ort zu meditieren. An diesem Ort wird sich dann eine "Erinnerung" einstellen, die ihm eine besondere Energie verleihen und Ihnen beim Meditieren helfen wird.
- Verwenden Sie weiche und bequeme Kleidung; legen Sie Ihren Schmuck ab.
- Setzen Sie sich bequem hin. Wenn Sie sich auf dem Boden am wohlsten fühlen, im Lotussitz oder mit gekreuzten Beinen, dann lassen Sie sich so nieder. Wenn nicht, setzen Sie sich auf einen Stuhl. Das Wichtige dabei ist, mit geradem Rücken zu sitzen und alles zu vermeiden, was störend für Ihre Konzentration sein könnte. Ich rate von der liegenden Position ab, da sie das Einschlafen begünstigt.

- Versuchen Sie, in einen anderen Geisteszustand zu kommen. Seien Sie wie ein *Kind,* das heißt offen, rein und fähig zu staunen. Betrachten Sie Ihre tiefe Individualität unvoreingenommen und angstfrei; Sie treten eine neue Reise an und werden am Ende des Weges einen brüderlichen Freund treffen, einen Verbündeten, der Ihnen helfen wird, klarer zu sehen. Seien Sie nicht zu ernst oder angespannt. Öffnen Sie sich, wagen Sie es, neue oder innovative Ideen in Ihnen entstehen zu lassen. Ihr Engel ist da und erwartet Sie ...

Vorgehensweise für die Meditation

1. Entspannung

(Diese Entspannungssitzung kann gegebenenfalls gekürzt werden.)

Sie schließen die Augen und beginnen damit, sich auf Ihre Atmung zu konzentrieren, die allmählich immer langsamer und tiefer wird. Atmen Sie langsam und tief. Nehmen Sie sich die Zeit, um sich gut zu entspannen und auszuruhen. Bleiben Sie einige Augenblicke lang auf Ihre Atmung konzentriert, auf das Kommen und Gehen der Luft, die in Sie hinein- und langsam und still wieder aus Ihnen hinausfließt. Bei jedem Ausatmen spüren Sie, dass die Anspannung von Ihnen abfällt. Ihre Muskeln lockern sich, entspannen sich ... Bitten Sie Ihren Körper, sich vollkommen auszuruhen.

- Sie konzentrieren sich auf Ihre **Füßen.** Ihr Bewusstsein befindet sich in Ihren Füßen, und Sie fühlen, wie sie wärmer werden, sich lockern und entspannen. Ihre Füße verfallen in Schlaf.
- Sie konzentrieren sich auf Ihre **Beinen.** Ihr Bewusstsein befindet sich in Ihren Beinen, und Sie fühlen, wie sie wärmer werden, sich lockern und entspannen. Ihre Beine verfallen in Schlaf.

- Jetzt konzentrieren Sie sich auf Ihren **Unterleib** und Ihren **Bauch** sowie auf Ihren **Solarplexus** (Bauchhöhle), und Sie spüren, wie dieser Teil Ihres Körpers wärmer wird, sich entspannt und in Schlaf verfällt.

- Konzentrieren Sie sich auf Ihren **Rücken.** Ihr Bewusstsein befindet sich in Ihrem Rücken, und Sie spüren, wie alle Muskeln Ihres Körpers entlang Ihrer Wirbelsäule wärmer werden, sich entspannen und in Schlaf verfallen ...

- Konzentrieren Sie sich auf Ihre **Brust,** Ihre **Schultern,** Ihre **Arme** und Ihre **Hände,** die langsam wärmer werden, sich lockern, sich entspannen und in Schlaf verfallen.

- Denken Sie an Ihren **Hals** und Ihren **Nacken,** die wärmer werden, sich lockern, sich entspannen und in Schlaf verfallen.

- Denken Sie schließlich an Ihr **Gesicht** und Ihren **Kopf,** die ihrerseits wärmer werden, sich lockern, sich entspannen und in Schlaf verfallen.

- Ihr Körper ist nun vollkommen entspannt. Spüren Sie einige Augenblicke lang dieses Gefühl ... Falls an einigen Stellen noch Verspannungen spürbar sind, atmen Sie in diese hinein und stellen Sie sich vor, dass Sie sie mit ausatmen.

- ***Selbstschutz und Sammlung***

Jetzt, wo Ihr Körper warm, entspannt und im Schlaf befindlich ist, visualisieren Sie einen schützenden Kreis um sich herum, wie eine durchsichtige Blase, von der Sie umhüllt werden. Diese Blase trennt Sie nicht von der Welt ab; sie schützt Sie vor Illusionen und vor mangelndem Unterscheidungsvermögen, die sich im Laufe Ihrer Meditation einstellen können.

Nehmen Sie sich die Zeit, um diese Blase sorgfältig um sich herum aufzubauen und Ihren Willen zu bekunden, in Kontakt mit Ihrem Schutzengel zu treten. Bekunden Sie klar und deutlich, dass Sie sich während der folgenden Augenblicke einzig mit Ihrem Schutzengel befassen werden. Diese Einstellung hat einen Zustand der *Sammlung* zur Folge, der das Bewusstsein vereinheitlicht und vorbereitet.

2. Psychische Arbeit

a. Den Kopf auf dem Herzen platzieren

Lassen Sie die Spannungen Ihres Kopfes los, indem Sie sich zum Beispiel einen Regen aus Licht vorstellen, der auf Ihren Kopf fällt und alle Ihre Spannungen mit sich nimmt. Lassen Sie Ihren Kopf los, lassen Sie ihn zur Ruhe kommen. Platzieren Sie ihn auf Ihrem Herzen. Lassen Sie sanft und ruhig los. Stellen Sie sich vor, dass Ihr Kopf sich ruhevoll und in Frieden dort befindet. Sie nehmen die Welt und das Leben von Ihrem Herzen aus wahr. Versuchen Sie es, spüren Sie es. Haben Sie keine Angst, loszulassen, Ihre alltäglichen Gedanken fallen zu lassen, zur Ruhe zu kommen. Lassen Sie Ihre gewöhnlichen Gedanken los und treten Sie tief in Ihr Selbst ein. Platzieren Sie Ihren Kopf auf Ihrem Herzen ...

b. Frieden beim Gefühl des Eintretens in die Lebenskräfte

Stellen Sie sich vor, dass Sie sich gewissermaßen extrem verkleinert haben und sich vollständig in Ihrem Herzen befinden. Ihr Herz ist wie eine leuchtende, sich drehende Energiespirale. Sie fühlen sich vom Zentrum der Spirale eingesaugt und fallen gewissermaßen in die Spirale, ganz tief in Ihr Inneres. Versuchen

Sie es, fühlen Sie es ... Sie finden sich in einem sehr leuchtenden, sehr angenehmen, sehr sanften Raum wieder. Sie fühlen sich in Sicherheit, ruhig und gehen weiter in einen leuchtenden Korridor. Sie kommen in einem runden Raum an, der von Türen umgeben ist. Es ist ein Raum des Lichtes und des Friedens. Spüren Sie einige Augenblicke lang diesen Frieden. Denken Sie an das Wort Frieden. Stellen Sie sich vor, dass Sie in das Wort Frieden eintreten, und lassen Sie den Frieden Ihr gesamtes Wesen durchdringen. Jetzt, da Sie sich in Frieden befinden, wählen Sie eine Tür aus und schreiten durch sie hindurch. Auf der anderen Seite finden Sie sich in der Welt des Lebens wieder, einem Raum des Lebens und des Wachstums. Wie eine Pflanze oder eine Knospe im Frühling haben Sie den Eindruck, von Kräften des Wachstums ergriffen, bewohnt zu werden. Sie sind dabei zu wachsen, sich zu weiten und auszudehnen. In dieser Ausdehnung liegt sehr viel Liebe. Fühlen Sie es ... Verbleiben Sie in Ihrem Gefühl der Ausdehnung und der Liebe.

Denken Sie nun an die Eigenschaften des Engels, von denen Sie umgeben sind: Kraft, Schutz, Wohlwollen, Licht, Gnade, Vergebung. Denken Sie an alle Eigenschaften, die für Sie die Gegenwart eines Engels bedeuten. Wählen Sie eine Eigenschaft aus, zu der Sie sich in diesem Moment besonders hingezogen fühlen.

- *Die Eigenschaft*

Denken Sie über alles nach, was Sie über diese Eigenschaft wissen, an das, was Sie eventuell gelesen und gehört haben. Wenn Sie noch nichts über sie gelesen haben, versprechen Sie sich selbst, ein wenig zu recherchieren.

Wenn Sie zum Beispiel das *Wohlwollen* nehmen, testen Sie einige Augenblicke lang seinen Geschmack, wobei Sie eine tiefere

Bedeutung daraus ableiten: Beachtung der anderen, das Bemühen zu verstehen, große Gutwilligkeit, Innigkeit, Sanftheit usw. Falls Ihnen kein Synonym einfällt, versuchen Sie, die Fehler aufzuspüren, die ihm schaden, oder denken Sie an Menschen voller Güte, die Sie kennen, und versuchen Sie, sie zu spüren und ihre Lebenssicht zu verstehen. Sie sind sanft, verbreiten niemals Ärger, interessieren sich für andere, urteilen ohne Härte usw.

Übertragen Sie in Gedanken dieses *Wohlwollen* auf jenes, das die großen Wesen lehren und praktizieren: die Geschichte des guten Samariters, Christus, der sich um seine Freunde kümmerte, die Sanftheit Christi zu Kindern und Bedürftigen sind hervorragende Themen. Wenn Sie ähnliche Traditionen mit anderen Lehrern, Heiligen oder Helden kennen, konzentrieren Sie sich auf diese.

Versuchen Sie, diese Eigenschaft so klar wie möglich zu definieren.

- *Definition der Eigenschaft*

Spüren Sie, dass Sie von dieser Eigenschaft geführt und beschützt werden, wie ein unsichtbares, aber wohltuendes Licht, das sich Ihnen genähert hat. Jetzt ist es Ihnen nahe. Erkennen Sie eine Farbe dieses Lichtes? Wenn ja, welche Farbe ist es?

- *Farbe*

Heißen Sie diese Tugend in sich selbst willkommen. Sie dehnt sich vollständig in Ihnen aus. Spüren Sie die Macht dieser Tugend, die sich in Ihnen niederlässt. Dann lassen Sie sie ohne ein bestimmtes Ziel in alle Richtungen strahlen.

Empfinden Sie selbst *Wohlwollen* für jene, mit denen Sie in Kontakt stehen. Sammeln Sie sich vollkommen, spüren Sie in sich eine Güte für sie alle, eine reine und unpersönliche Güte, die Sie um sich herum erstrahlen lassen.

3. Begegnung mit dem eigenen Engel

Versuchen Sie, hinter diese Tugend zu treten oder über sie hinwegzugelangen, zur Quelle, zu ihrem Ursprung. Treten Sie in den stillen Raum ein, in dem alles erschaffen wird. Tauchen Sie in diese Stille ein. Haben Sie keine Angst. Treten Sie in eine sehr tiefe Stille ein, und hören Sie die Stille. Ihr Engel ist da ...
Die Namen der Engel werden als heiligstes mystisches Element erachtet. Versuchen Sie, den Namen Ihres Schutzengels zu hören. Bleiben Sie dabei entspannt, losgelöst. Falls es Ihnen nicht gelingt, ist das nicht schlimm. Sie werden es später einfach erneut versuchen.

- *Der Name meines Engels*

Falls Sie den Namen Ihres Engels hören, schreiben Sie ihn in Kalligrafie auf, singen Sie ihn oder finden Sie seine Bedeutung heraus und wiederholen Sie diese in einem Satz, der Ihnen seine wohlwollende Absicht in Erinnerung ruft.

Danken Sie Ihrem Engel für seine unvergängliche Gegenwart an Ihrer Seite. Drücken Sie Ihre Dankbarkeit aus.

Lassen Sie die Bilder verschwinden. Atmen Sie langsam und tief, um Ihren sitzenden Körper hier und jetzt in diesem Raum wieder bewusst wahrzunehmen. Kehren Sie dann allmählich in Ihrem Rhythmus in das Wachbewusstsein zurück. Wenn Sie sich bereit fühlen, öffnen Sie wieder die Augen und halten Ihre Erfahrung in einem Buch für diesen Zweck fest (eine Art spirituelles Notizbuch, in dem Sie alle Ihre meditativen Erfahrungen festhalten).

O Nacht, du Sternenbronnen,
ich bade Leib und Geist
in deinen tausend Sonnen.

O Nacht, die mich umfleußt
mit Offenbarungswonnen,
ergib mir, was du weißt!

O Nacht, du tiefer Bronnen ...

Christian Morgenstern
(1871-1914)

Kapitel 6

DIE NÄCHTLICHE BEGEGNUNG MIT DEM ENGEL

Die Begegnung mit dem Engel mittels Meditation ist ein großer Moment, ein warmer Trost nach der Trockenheit der Einsamkeit und der Spiritualisierungsarbeit des Denkens. Sie ist eine wahre *Initiation,* die die Geburt des *Höheren Selbst* ankündigt.

Das menschliche Wesen wird schon immer von einem Schutzengel begleitet, der ihm seit jeher von Leben zu Leben und ins Zwischenleben in die spirituelle Welt folgt. Diese geistige Wesenheit, die höher entwickelt ist als der Mensch, hat die Besonderheit, das Schicksal des von ihr beschützten Wesens zu kennen und es dahin zu leiten, was es auf der Erde zu erfahren beschlossen hat.

Der Engel ist ein Wesen der Zukunft. Er gibt uns Impulse, damit wir unserem Schicksal gemäß handeln und die für unsere Zukunft notwendigen Tugenden pflegen, etwa Freiheit, Liebe, Teilen usw. Er kommuniziert mit uns auf subtile Weise durch Zeichen: ein Text, auf den wir stoßen und der uns eine Antwort gibt, ein Freund, der uns im richtigen Moment anruft, ein besonderer Traum, ein Detail, auf das wir achten, während wir es am Tag vorher gar nicht bemerkt hätten usw.

Er kommuniziert auch während der Nacht im Tiefschlaf mit uns. Jede Nacht begegnen wir unserem Schutzengel, doch wir erinnern uns nie daran. Warum? Weil diese Begegnung außerhalb unseres Bewusstseins stattfindet, während wir uns in der Phase des Tiefschlafs jenseits der Träume befinden. Die Begegnung erfolgt stets in der Mitte eines langen Schlafes, wenn wir uns auf halber Strecke zwischen dem Eintritt in den Schlaf und dem Erwachen befinden, in dieser finsteren Phase der Nacht, an die man sich absolut nicht erinnern kann.

Natürlich erhalten wir über unsere Träume Botschaften unseres Schutzengels, doch der Traum ist nicht die eigentliche Begegnung. Er ist ein bevorzugtes Mittel des Engels, um mit uns zu kommunizieren. Es ist interessant, sich an die eigenen Träume zu erinnern, sie sich aufzuschreiben und sich die Mühe zu machen, sie zu interpretieren. Es ist ein Mittel, um unsere Psyche kennen zu lernen und die Wachstumskrisen zu begleiten, die wir ständig durchlaufen. Tatsächlich geht der innere Mensch durch schwerere Entwicklungskrisen als der äußere Mensch. Der geringste Fehler schnürt ihn psychisch und manchmal auch geistig zusammen, daher die Wichtigkeit der Selbsterkenntnis, auf der alles beruht. Den Botschaften des eigenen Engels mittels der Träume zuzuhören, ist eines der besten Mittel, um sich selbst besser kennen zu lernen. Es bleibt allerdings die Schwierigkeit, die eigenen Träume auch interpretieren zu können.

Tiefschlaf jenseits der Träume

Während des Schlafes steigen wir in die spirituelle Welt auf, um unser Bewusstsein unserem Schutzengel zu übergeben. Das *Ich* tritt aus dem Körper aus, steigt auf und dehnt sich in die spirituelle Welt aus. Wir erweitern uns bis zu den Grenzen des Universums und dringen dabei allmählich in die planetarischen, dann in die zodiakalen Sphären vor. Unser Bewusstsein taucht in die geistigen Wesenheiten ein, zu denen insbesondere der Engel zählt. Der Engel wird zu einer Art Universum. Wir schweben in einer immensen Matrix, einem ursprünglichen Kokon. Unser Engel ist im Grunde genommen eine Gemeinschaft von Engeln. Wenn wir in unseren Engel eintreten, haben wir den Eindruck, in eine Schar von Engeln einzudringen und alle Engel zur gleichen Zeit zu erreichen, nicht nur eine einzige Wesenheit. Der Engel ist damit exklusiv und vielfach zugleich.

Ich hatte mir gewünscht, mich an meine Begegnung mit meinem Engel im Tiefschlaf erinnern zu können. Diesen Wunsch hatte ich mehrere Wochen lang wiederholt. Und schließlich, eines Morgens, als ich aufwachte, erfuhr ich dann die Gnade, mich daran zu erinnern. Diese intensive Erfahrung veränderte erheblich den Begriff, den ich mir bisher von meinem Schutzengel gemacht hatte. Ich erkannte, dass ich mir eine überaus materialistische Vorstellung von dem Engel gemacht hatte: Ich stellte mir ein Wesen aus Licht in Gestalt eines Menschen vor, der Flügel auf dem Rücken hatte und Harfe spielte. Natürlich ist das die Art und Weise, wie er gewöhnlich in der religiösen Ikonografie dargestellt wird, eine irdische Art und Weise, seinen Eigenschaften Gestalt zu verleihen. In Wirklichkeit ist der Engel viel mehr als das. Die Welt der Engel ist die Welt eines Lebens in fortwährender Verwandlung: Nichts steht fest, alles ist in Bewegung und verwandelt sich. Der Engel nimmt alle möglichen Gestalten an. Er kann Blume sein, Regentropfen, Regenbogen, Farbe, Wirbelwind, ein Hauch usw. Alles hängt davon ab, was wir in dem Moment empfinden, in dem er sich uns zeigt. Seine Flüssigkeit drückt sich durch Wasser aus, sein blühendes Leben durch eine Pflanze, seine Leichtigkeit durch einen Windhauch usw.

Dem Engel begegnet man nicht im Äußeren, wie man es mit einem menschlichen Wesen auf der Erde tun kann, sondern vielmehr im Inneren. Es ist die innere Erfahrung unseres Engels, die zu seiner äußeren Darstellung führt, nicht umgekehrt. Wir erleben innerlich, was er ist, und nehmen auf Grund dessen seine Gestalt wahr.

Bei der nächtlichen Begegnung mit meinem Engel habe ich die Lebenskraft in ihrer ganzen Fülle und umhüllenden Sanftheit erfahren. Dieses Gefühl hat sich in Gestalt einer Blume gezeigt. Mein Engel war eine Rose. Ich befand mich im Inneren einer geschlossenen Rose, umhüllt von ihren Blütenblättern. Diese Rose war ein Bad des Lebens; ich tauchte in das Leben ein und regenerierte mich. Ich erinnere mich, gedacht zu haben, dass ich, wenn ich nicht jede Nacht in diesem Jungbrunnen badete, morgens nicht aufwachen könnte. Die Versenkung in meinen Engel gab mir die Kraft zu leben. Zugleich hatte ich das Bewusstsein, dass ich in einer Schar von Engeln versenkt war. Es war unglaublich angenehm, beruhigend, heilend. Als der Kontakt mit dem Engel beendet war, hatte ich den Eindruck, dass die Blume sich öffnete, dass alle

Blütenblätter zurückwichen, sich ins Unendliche öffneten und ich aus der Rose heraustrat.

Wir alle haben jede Nacht diese Art der Erfahrung. Während des Schlafes ist unser Bewusstsein ausgedehnt, lädt sich mit Lebenskraft und Bildern der spirituellen Welt auf. Im Moment des Erwachens sammelt und konzentriert es sich. Wie eine Flüssigkeit, die in einen Trichter fließt, tritt das *Ich* in den physischen und in den *Äther*körper ein und bringt die Erfahrungen mit zurück, die es in der Sternenwelt gemacht hat. Jene, die das Glück haben, langsam aufzuwachen, können den Eindruck haben, dass sie Bilder und Empfindungen aus der spirituellen Welt mitbringen. Oft sind das vage Erinnerungen, von denen eine Botschaft ausgehen kann, die sie in der Nacht deutlich vernommen haben.

Der Schutzengel ist die Pforte, durch die wir Zutritt zur Gemeinschaft der Engel (die die Mondsphäre bildet) erlangen, und immer ist er es, durch den wir in diese himmlische Gemeinschaft eintauchen. Deshalb wird wohl den Dichtern in den Mund gelegt: *"Sprich mit einem Engel, und du sprichst mit allen Engeln. Rufe einen Engel, und du rufst eine ganze Schar von Engeln."*

Nachts empfängt der Engel in seinem Schoß unsere Erlebnisse des Tages, aber auch unsere geheimsten Absichten, unsere Verbesserungsbemühungen und unsere Erfahrungen. Der Engel hält unser Bewusstsein intakt, um es uns morgens gestärkt, regeneriert und harmonisiert zurückzugeben. Im Schoße unseres Engels sind wir in die reinsten Lebenskräfte eingetaucht, und dies gibt uns morgens die Kraft, neu anzufangen, ein lebendiges Interesse an der Welt wieder zu finden, uns freudig den täglichen Aufgaben zu widmen, aber auch, auf unserem Schicksalsweg zu bleiben.

Die Lebenskräfte, in die wir jede Nacht versenkt sind, sind tatsächlich unerlässlich für unser Überleben auf der Erde. Zunächst machen sie aus uns soziale Wesen: Wenn wir gut geschlafen haben, haben wir eine offene Einstellung zur Welt und zu den anderen, wir sind kontaktfreudig. Wir haben viel größere Lust, andere bei uns willkommen zu heißen, denn wir sind von Leben durchtränkt, wir fühlen uns nicht in Gefahr, sondern sind zuversichtlich, bereit, viel Liebe zu geben. Diese Lebenskräfte geben uns den Mut, weiterzumachen, weiter in unsere Zukunft hineinzugehen. Wenn wir uns bewusst machen, dass wir jeden Morgen mit denselben Gesten neu beginnen (waschen, essen, arbeiten usw.), können wir darüber erstaunen, in uns den Mut zu entdecken, jeden Morgen neu anzufangen. Abends hätten wir nicht die Kraft, einen Tag neu zu beginnen. Der Tag ermüdet uns, und jeden Abend müssen wir neu auftanken. Warum sind wir müde? Weil uns eine Vielzahl von Eindrücken erreicht, wir Gefühle durchleben, handeln, vieles erleben, was uns in innere Aufruhr versetzt, unser Inneres erschöpft und unser *wahres Bild* zerstört. Wir brauchen also eine Zeit der Ruhe, eine Pause, bevor wir weitermachen können. Wir sagen uns, dass *morgen auch noch ein Tag ist.* Wir wissen, dass wir von jetzt an bis zum nächsten Morgen in die Regenerationsphase der Nacht eintreten und dass danach von neuem alles möglich sein wird. Erinnern wir uns daran, dass die Engel auch *Söhne des Lebens* genannt werden. Der Engel ist der Ausdruck des Lebens selbst.

Der Engel bewirkt mehr, als uns zu regenerieren, denn wenn wir uns in ihn versenken, finden wir uns vor unserem göttlichen Modell wieder, das heißt vor unserer Zukunft. Der nächtliche Aufstieg zu diesem erhabenen Geist, der unser Engel ist, bringt uns in Kontakt mit dem perfekten Modell unserer Zukunft, als ob der Engel uns sagen würde: "*So musst du einmal werden, wenn du deine irdische Entwicklung abgeschlossen hast.*" Unser Selbst prägt sich dieses Modell ohne Egoismus ein. Das *Ich* kehrt morgens in den physischen Körper zurück, durchdrungen von diesem Bild des Engels und des *Höheren Selbst.* Es bemüht sich, das innere Wesen zu gestalten, damit es dem wahrgenommenen Modell so nahe wie möglich kommt. Es ist so, als ob unser *Ich* jede Nacht ein erhabenes

Modell treffen und mit diesem Bild zurückkehren würde, das es uns dann einprägt, damit wir beginnen, die Gestalt unseres *Höheren Selbst* anzunehmen, nämlich die Gestalt eines Engels.

So versenken wir uns in unsere Zukunft, mit allem, was dies an Hoffnung beinhaltet. Diese Begegnung formt uns, modelliert unser inneres Wesen zu einer immer perfekteren Form. Selbst wenn dieser Prozess unbewusst und sehr langsam, in homöopathischen Dosen, vonstatten geht, so hat er doch einen Einfluss auf unser Verhalten im Alltag, denn er weckt in uns den Wunsch, uns selbst zu verbessern.

Dank dieser allnächtlichen Begegnung sind wir stets bestrebt, besser zu werden, und es gelingt uns. Wir können uns sagen: "*Gestern hatte ich einen schlechten Tag, ich habe nichts geschafft, was ich tun wollte, aber heute wird es klappen, ich spüre es.*" Und auch wenn es nur etwas winzig Kleines ist, wird es besser werden. Wir alle haben geheime Absichten, bei denen es um unsere Verbesserung geht: verständnisvoller zu werden, offen für die anderen zu sein, tolerant, autonom, frei usw., und nachts, dank unserer Reise unter die Flügel des Engels, gelingt uns das. Die Vision des perfekten Modells, dem wir jede Nacht begegnen, gibt uns den Mut zur Transformation und *Inspiration* für die Zukunft. Wir *trinken* das *Bild* unserer Zukunft. Es ist unerlässlich, dass wir uns ganz vom himmlischen *Bild* unseres Engels erfüllen lassen, um die *Erinnerung* daran zu bewahren. Denn auf der Erde wird das menschliche Wesen auf eine überaus materialistische Weise wahrgenommen, lediglich auf seinen physischen Körper reduziert, und es ist mehr als je vonnöten, dass wir mit unserem *wahren Bild* in Kontakt gebracht werden, das das spirituelle Bild unseres Wesens ist. Diese Kontaktaufnahme ist für uns ein Segen. Sie verschafft uns ein Glücksgefühl, da wir uns mit der spirituellen Welt verbunden und mit unserem *Höheren Selbst* vereint fühlen.

Vorbereitung zur Nachtruhe

Aus diesem Blickwinkel kann man die heilige Dimension des Schlafes erfassen und sich bemühen, der Nachtruhe Aufmerksamkeit zu schenken. Im Wassermann-Zeitalter sind die Menschen in der Lage, sich an die nächtlichen Begegnungen mit ihrem Engel zu erinnern. Sie werden den Auswirkungen dieser Begegnung größere Beachtung schenken, denn ihr Innenleben entwickelt sich nun stetig weiter. Man muss ruhig einschlafen, um an der nächtlichen Begegnung teilzuhaben: eine meditative, ja heilige Stimmung schaffen; versuchen, den Tag, die negativen Gefühle zu vergessen; sich ausruhen, sich entspannen usw. Man kann beten, meditieren, ruhige Musik hören, sich Kunstwerke anschauen, bedeutende und inspirierende Schriften lesen, um das Herz zu öffnen. Man kann auch eine Kerze anzünden und an die wichtige Begegnung denken, die man in der Nacht haben wird. Die einfache Tatsache, der Art und Weise Aufmerksamkeit zu schenken, wie wir in die Nacht eintreten, hilft uns, uns an unsere nächtliche Begegnung zu erinnern. Im Allgemeinen erinnern wir uns nicht daran, weil wir keinerlei Bewusstsein in das legen, was wir uns anschicken zu erleben. Wir tun nichts, es gibt kein Ritual, kein Gebet. Doch wenn wir uns die Mühe machen, dem Eintritt in das Mysterium der Nacht Aufmerksamkeit zu schenken, erkennen wir allmählich, dass wir während der Nacht *besucht* worden sind. In diesem Sinne sind Abend- und Morgengebete hervorragende Mittel, um eine immer bewusstere Beziehung zum Schlaf aufzubauen.

Die Bedeutung des Gebets

Das echte Gebet ist ein Zustand der Sammlung des Herzens. Es ist eine Meditation. Es ist "echt", weil wir nichts erbitten; ganz im Gegenteil bieten wir etwas an. Wir bieten der spirituellen Welt unsere Dienste, unsere Transformation, unser Bemühen, unsere Kämpfe und unsere Siege an.

Bitten und Glauben ohne Anstrengung des Bewusstseins sind passive Einstellungen, die in die Vergangenheit der Menschheit gehören. Anzunehmen, dass es ausreicht, ein Gebet an unseren Schutzengel zu richten, damit er ein Wunder geschehen lasse und alle unsere Probleme sofort für uns löse, ist eine archaische und schlechte Fürbitte. Der französische Schriftsteller André Malraux sagte, die Welt fange dort an, wo man aufhöre, an Engel zu glauben. Die moderne Welt fängt laut Malraux dort an, wo man aufhört, sich vorzustellen, man könne das Geschehen durch Beten verändern, denn das Ziel des Gebets ist im Grunde, sich selbst zu verändern. Heute ist die Frömmigkeit gegenüber dem Schutzengel oft nur zweckorientiert: Man ruft ihn an, wenn man verliebt ist, wenn man Zahnschmerzen hat oder wenn man einen Parkplatz sucht. Der Engel versteht uns aber nicht, wenn wir darum bitten, mehr Geld zu verdienen, wenn wir einen Freund oder eine Freundin suchen usw. Er hört uns, wenn wir den Willen haben, uns zu verbessern, wenn wir Liebe, die Fähigkeit zu teilen oder innere Autonomie entwickeln wollen. Wir können ihm Fragen stellen, ihn fragen, was wir tun müssen, um zum Beispiel Freiheit zu erlangen, und er wird uns antworten. Erinnern wir uns noch einmal daran, dass wir seine Botschaft nicht gut verstehen werden, wenn wir seine Sprache nicht erlernt haben. Je mehr wir uns die Mühe machen zu wissen, desto mehr werden unsere Gebete erhört.

Man kann sich bemühen, eine Form des Gebets zu finden, die am besten für den Übergang zum Schlaf oder zum Aufwachen geeignet ist. Im Idealfall formuliert man die Gebete selbst mit eigenen Worten. Diese *Gebetsrituale* müssen kurz und einfach zu merken sein, damit man sie jeden Abend und Morgen durchführen kann. Ein echtes Abendgebet ist stets von dem Vertrauen inspiriert, mit dem wir uns dem Engel und dem *Höheren Selbst* überlassen, die während der Nacht unser *Ich* in sich beschirmen. Im Gegensatz dazu ist beim Morgengebet eine anerkennende Haltung angebracht, wenn wir aus dem verborgenen Königreich der Nacht wiederkehren und Kraft für neue Taten in uns liegt.

Hier sind zwei Beispiele für Gebete, eines für den Abend und eines für den Morgen, die, das ist ganz wichtig, selbst neu formuliert werden müssen, und zwar mit dem Wort VERTRAUEN für den Abend und DANKBARKEIT für den Morgen.

Segnung der Abenddämmerung

Dir, der du mich schützt und mich leitest
auf meinem Schicksalsweg,
vertraue ich mein Bewusstsein und meinen Atem an
im VERTRAUEN in deine Liebe.

Segnung der Morgendämmerung

DANKBARKEIT dir, himmlischer Beschützer,
der du mir das Leben zurückgegeben hast
und mir Tag für Tag hilfst,
besser zu werden.

Nach dem Abendgebet kann man auch darum bitten, sich an die Begegnung mit dem Engel während der Nacht zu erinnern, und am frühen Morgen versuchen, langsam aufzuwachen und dabei sofort die Erinnerung an den Engel wachzurufen. Diese Übung muss man recht lange durchführen, mehrere Wochen, ja sogar mehrere Monate lang, um schließlich in die Gnade der Erinnerung zu kommen. Doch es ist eine schöne Erfahrung, die es verdient, gesucht zu werden, denn sie verschafft uns großes Selbstvertrauen, da wir von nun an sicher sind, einen Beschützer zu haben, der auf uns achtet.

Wenn man sich an die nächtliche Begegnung mit dem eigenen Engel erinnern will, braucht man Wachsamkeit. Jeden Abend muss man vor dem Einschlafen darum bitten, sich an die Begegnung zu erinnern, und am Morgen versuchen, langsam aufzuwachen, um sich der Botschaften bewusst zu werden, die man in sich trägt. Dann kann man während des Tages meditieren, um Verbindungen zwischen dem Tages- und Nachtleben herzustellen, indem man sich fragt: "Was hat sich diese Nacht ereignet?" Wenn wir uns der Botschaften unseres Engels bewusst werden wollen, müssen wir die Erinnerung aus unserer Nachtruhe wachrufen und versuchen, unseren Engel zu hören, mit ihm zu kommunizieren. Wir können unserem Engel mittels Meditation begegnen, indem wir eine Rückschau auf unseren Tag bis zum Morgen praktizieren, um zu versuchen, darüber hinaus zu gehen, in die Momente, die dem Erwachen vorausgegangen sind. So kann man in die Nacht eintreten, die dem Tag vorausgegangen ist, und die Verbindungen mit den eigenen spirituellen *Idealen* erneuern.

Wie dem auch sei, selbst, wenn wir uns morgens nicht bewusst an die Engelsbotschaften erinnern, so speichern wir sie doch unbewusst. Tatsächlich handeln wir unaufhörlich so, dass wir auf dem Weg unseres Schicksals bleiben. Es ist wahr, dass die Moderne den Menschen so materialistisch gemacht hat, dass er sich mehr und mehr von seinem Schicksal abtrennt, sich fühlt, als würde er neben sich stehen, als würde er nicht sein eigenes Leben, sondern das eines anderen führen.

ZUSAMMENFASSUNG VON KAPITEL 6

Jede Nacht begegnen wir im Tiefschlaf unserem Engel, wenn wir uns auf halbem Weg zwischen Einschlafen und Erwachen befinden.

Wir versenken uns in unseren Engel wie in eine Matrix oder einen Kokon. Unser Engel empfängt in seinem Schoß unsere Erlebnisse des Tages, aber auch unsere geheimsten Absichten. Er hält unser Bewusstsein intakt, um es uns morgens gestärkt, regeneriert und harmonisiert zurückzugeben.

Im Schoße unseres Engels sind wir in die reinsten Lebenskräfte eingetaucht, und dies gibt uns morgens die Kraft, neu anzufangen.

Der nächtliche Aufstieg zu unserem Engel bringt uns in Kontakt mit dem perfekten Modell unserer Zukunft, als ob der Engel uns sagen würde: "*So musst du einmal werden, wenn du deine irdische Entwicklung abgeschlossen hast.*" Unser Selbst prägt sich dieses reine Modell ohne Egoismus ein und bemüht sich, das innere Wesen zu formen, damit es dem wahrgenommenen Modell so nahe wie möglich kommt.

Es ist wichtig, die Nachtruhe vorzubereiten, um sich an die Begegnung mit dem eigenen Engel zu erinnern, indem man sich des Gebets bedient.

ÜBUNG

Sich ein Bild des Tages machen

Im Anschluss an die Rückschau des Abends kann man das wichtigste Ereignis des Tages bestimmen (das von Elementen abhängt, die am selben Tag stattgefunden haben, jedoch auch von Ereignissen, die sich an den vorangegangenen Tagen bereits angebahnt haben). Zu den Elementen dieses Tages gesellen sich andere Elemente, die in den nachfolgenden Tagen zu anderen Zielen hinführen werden. Das Wesentliche ist das Zentrum oder das Ziel des Tages. Von diesem muss man sich ein Bild machen.

Vorgehensweise

- Sie bereiten sich aufs Schlafen vor. Machen Sie es sich im Bett bequem, liegend oder sitzend, und atmen Sie einige Momente langsam und tief. Konzentrieren Sie sich einzig auf das Kommen und Gehen Ihres Atems, ohne Spannung in sich aufzubauen. Wenn Sie sich entspannt und aufmerksam fühlen, vergegenwärtigen Sie sich Ihren Tag, indem Sie mit den letzten Ereignissen beginnen und bis zum Aufwachen zurückgehen.

- Lassen Sie Ihren Tag im entgegengesetzten Sinn vorbeiziehen, ohne ihm eine Bedeutung beizumessen, als ob es der Tag eines anderen wäre. Bleiben Sie sehr konzentriert und sehen Sie sich alles Geschehene noch einmal an, ohne zu versuchen, einzelne Worte oder Gedanken zu erfassen. Diese Stufe sollte nicht länger als zehn Minuten dauern.

- Spüren Sie den Gesamteindruck und finden Sie die Färbungen Ihres Tages, gewissermaßen ein Panorama.

- Schlafen Sie mit diesem Bild oder diesem Gesamteindruck ein.

- Dieses Bild tragen Sie mit in den Schlaf. Es ist wie ein Ausatmen. Sie werden das Bild in die spirituelle Welt ausatmen, wenn Sie sich im Laufe der Nacht in die verschiedenen Bewusstseinssphären ausdehnen. Das Bild wird Nahrung für den Engel sein, der entgegennehmen wird, was Sie ihm von der irdischen Ebene mitbringen. Wenn Sie möchten, können Sie Ihr Bild mit einem kleinen Gebet verbinden: "*Auf dass der mich beschützende Geist meine Taten als Wurzel empfange und daraus Früchte erwachsen lasse!*" Je deutlicher und klarer die Bilder sind, wenn Sie sich im Hinblick auf Ihre Taten an Ihren Engel wenden, desto zahlreicher werden die Früchte in der Zukunft sein.

- Versuchen Sie am nächsten Morgen, sich an das zu erinnern, was Sie kurz vorm Einschlafen getan haben, und visualisieren Sie Ihren heutigen Tag. Es ist wie ein Einatmen. Sie atmen das Licht der Welt in sich ein, aus der Sie kommen. Stellen Sie sich innerlich die Eigenschaft vor, die Sie gerne entwickeln möchten, und nehmen Sie sie dann in Gestalt einer Farbe oder einer Stimmung wahr.

- Die Korrespondenz zwischen Abend und Morgen wird zu einer Art Atmung. Auf diese Weise lernen wir Schritt für Schritt, karmische Bilder wahrzunehmen. Vergessen Sie nicht, Ihre Erfahrung zu notieren. Sie können ein kleines Heft anlegen, in dem Sie Tag für Tag all Ihre Eindrücke niederschreiben.

Den rastlosen Menschenwesen
sind Erholungspausen nicht vergönnt,
ihr Schicksal ist es, kämpfend zu leben,
von Leben zu Leben, von einem Frühling zum nächsten,
wie Pflanzen, die sich stets über die Irrungen
hin zur Wahrheit erheben,
durch die Fesseln hindurch, hin zur Freiheit,
hinweg über Krankheit und Tod,
hin zu Schönheit, Gesundheit und Leben.

Rudolf Steiner (1861-1925)
- freie Übersetzung -

Kapitel 7

DER ENGEL UNSERES ZEITALTERS: MICHAEL

Auf den vorigen Seiten haben wir erfahren, dass der Mensch von einem Schutzengel begleitet wird, der ihm seit jeher folgt, von Leben zu Leben und in die spirituelle Welt während des Zwischenlebens. Diese geistige Wesenheit, die höher entwickelt ist als der Mensch, hat die Besonderheit, das Schicksal des von ihr beschützten Wesens zu kennen und es dahin zu leiten, was es auf der Erde zu erfahren beschlossen hat.

Wir wissen auch, dass es Engel gibt, die sich nicht individuell mit Menschen befassen, sondern mit Menschengruppen oder Völkern. In diesem Fall ist dies nicht mehr ein Engel, sondern ein Erzengel, der die himmlische Funktion eines Inspirators und Beschützers einer Gruppe von Seelen erfüllt. So hat jedes Volk auf der Welt seinen eigenen *Geist,* den *Volksgeist,* der ihm eine Berufung, eine bestimmte Sprache und ein besonderes Schicksal zuteil werden lässt.

Über dem *Volksgeist* befindet sich ein noch höherer Engel für jedes Kulturzeitalter, der den *Zeitgeist* ausmacht: eine bestimmte Art zu denken, Beziehungen aufzubauen, sich zu verhalten, die allen Menschen eines Zeitalters gemeinsam ist. Der Mensch des 20. Jahrhunderts hat sicherlich nicht denselben Geisteszustand wie der des Mittelalters. Der *Geist* eines Zeitalters ist eine geistige Wesenheit. Er gehört nicht der Hierarchie der Engel an, auch nicht der der Erzengel, sondern der der Fürstentümer oder *Zeitgeister.* Der Zeitgeist ist der Genius, der eine Zivilisation und eine Kultur inspiriert. Seine Beschäftigung liegt nicht in der Ausrichtung des menschlichen Schicksals oder im Beitrag zur Weiterentwicklung eines Volkes: Er handelt zu Gunsten der Menschheit insgesamt. Er greift so in die Gruppierungen unterschiedlicher Völker ein, damit eine höhere Einheit entsteht und die Impulse aus den Völkern und den menschlichen Rassen der gesamten Menschheit Nutzen bringen. Seine Aufgabe ist jedoch nicht darauf beschränkt, den Völkern der Menschheit ihren Platz und ihre Daseinsberechtigung zu verleihen; seine Hauptbeschäftigung liegt vielmehr darin, die großen Rhythmen der Evolution und der Geschichte zu steuern.

Unter diesen Engelswesen gibt es eine Figur, die seit Urzeiten* immer wieder auftaucht: den Erzengel Michael.

Die Geschichte Michaels

Michael (der heilige Michael) ist eine hohe geistige Wesenheit, deren Name vom hebräischen *Mika'el* abstammt, das *Wer ist wie Gott?* bedeutet. Sein Feiertag ist der 29. September.

Michael gehört zu den Erzengeln und herrscht zusammen mit Gabriel, Raphael und Uriel über die vier Kardinalpunkte des Jahres. Er regiert den Herbst. Die religiöse Ikonografie zeigt ihn oft als jungen Ritter, der manchmal auf einem weißen Pferd reitet, mit einem Schwert in einer Hand, einer Waage in der anderen und einem riesigen Drachen zu seinen Füßen.

Die Hauptelemente, die zur Darstellung von Michael geführt haben, sind im Alten Testament (im Buch Daniel) und in der Offenbarung des Johannes (12, 7-10) zu finden. Dort wird erzählt: "*Und es entbrannte ein Kampf im Himmel: Michael und seine Engel kämpften gegen den Drachen. Und der Drache kämpfte und seine Engel, und sie siegten nicht, und ihre Stätte wurde nicht mehr gefunden im Himmel. Und es wurde hinausgeworfen der große Drache, die alte Schlange, die da heißt: Teufel und Satan, der die ganze Welt verführt, und er wurde auf die Erde geworfen, und seine Engel wurden mit ihm dahin geworfen.*" In diesen Zeilen wird die Geschichte des Kampfes nachgezeichnet, der etwa im letzten Drittel der atlantischen Epoche stattfand, kurz vor der Sintflut, von der die Genesis berichtet. Der von Hochmut erfüllte Erzengel Luzifer will Gott ähneln. Er rebelliert gegen den Schöpfer und reißt bei seinem Aufstand einen großen Teil der Engel mit sich. Viele Engel wären von Luzifer entführt worden, wenn der Erzengel Michael nicht eingegriffen und gerufen hätte: “*Wer ist wie Gott?*”, das heißt: “*Wer wagt es, sich für Gott zu halten?*”

Diese Frage, die Luzifer von Michael gestellt wird, löst einen nie da gewesenen Krieg aus: Auf der einen Seite Michael und seine Engel und auf der anderen Luzifer und seine Rebellen. Johannes nennt ihn den “großen Krieg”. Groß wegen des Ortes, an dem er stattfindet (in der spirituellen Welt); wegen der Eigenschaften der Kämpfer, denn die Engel sind von Natur aus mächtig; wegen der Anzahl der Kämpfer - nach dem Propheten Daniel (Buch Daniel 7, 10-14) sind es mehrere Millionen; wegen des Motivs - es geht darum, Gott von seinem Thron zu stürzen und sich zu weigern, den Sohn Gottes (Christus) in seiner zukünftigen Inkarnation anzuerkennen. Michael und seine Engel tragen den Sieg davon. Luzifer wird aus dem Paradies vertrieben und stürzt auf die Erde (der Fall des Drachens, der vom Himmel auf die Erde stürzt).

Nach seinem Triumph wird Michael zum Erzengel der Sonnensphäre und zum Prinzen der himmlischen Miliz. In der Tradition heißt es, dass die Engel Michael verehrten und achteten wie einen Vater, denn er hatte sie vor Hochmut geschützt, und dass Michael es ist, dem es obliegt, den Menschen ihren Schutzengel zu geben.

Michael verlängert seine Taten in der spirituellen Welt bis auf die Erde hinab, indem er regelmäßig in die Geschichte der Menschheit eingreift. Jahrhunderte lang wachte Michael über bestimmte Völker, zu deren *Geist* er wurde. Unter dem *Volksgeist* ist keine abstrakte Wesenheit zu verstehen, eine äußere Zusammenfassung der Eigenschaften eines Volkes. In Wirklichkeit ist er ein geistiger Repräsentant, den man Erzengel nennt und der das gesamte Volk als ganzes führt und leitet. Als Erzengel und *Volksgeist* leitete Michael bestimmte Völker, so etwa die Hebräer. Er inspirierte dieses Volk bis hin zur Wiege des so sehnlich erwarteten Messias’ (seit Abraham um 1900 v. Chr. bis zur Zerstörung des Tempels von Jerusalem 70 n. Chr.).

Nach der Ankunft Christi wurde der Erzengel zu einer Art "Supererzengel" des entstehenden christlichen Europas (vom 5. bis zum 18. Jahrhundert). Im 15. Jahrhundert ergab sich insbesondere eine direkte Verbindung zwischen Michael und der Geschichte Frankreichs durch Jeanne d'Arc (1412-1431). Die Heilige kam in die Gunst zahlreicher Erscheinungen des Erzengels. Die ersten Erscheinungen Michaels bei Jeanne d'Arc zeichnen sich durch die Bedeutung der Botschaft des Erzengels, seine Gestalt gebende und lehrende Rolle und die vollkommen neue Richtung aus, die der Geschichte Frankreichs und Englands so verliehen wurde. Die Aufgabe des Erzengels, nämlich, das individuelle Bewusstsein sowohl der Individuen als auch der Völker zu festigen, konnte sich dank einer Frau erfüllen.

Heute liegt die Funktion Michaels darin, dass er nicht mehr als Erzengel, sondern als Mitglied der Fürstentümer handelt. Für eine gewisse Zeit ist er zum *Geist unseres Zeitalters* geworden, zum Inspirator unserer Kultur und Zivilisation, und zwar seit 1879 und noch bis etwa 2235 (er ist Nachfolger von Gabriel, der beim Anbruch der Renaissance zur Regentschaft gerufen worden war). Etwas mehr als 350 Jahre lang wird Michael die gesamte Menschheit beeinflussen, insbesondere im Bereich des Denkens, das transformiert werden muss. Gewissermaßen ist er es, der die erste Phase des *Zeitalters des Selbstgefühls* (1900 bis 4400 Jahre) einläutet.

Der kurzfristige Aufstieg eines Erzengels in den Rang der Fürstentümer ist nichts Ungewöhnliches; dies geschieht im Laufe der Geschichte regelmäßig*. Die Erzengel bestimmen die *Anordnung* und die Ereignisse, die die großen Kulturepochen der Menschheit charakterisieren, das heißt Zeiträume, die etwa 2100 Jahre dauern (zum Beispiel das Zeitalter der Ägypter, das griechisch-römische Zeitalter bis zum Mittelalter, die Moderne usw.). Im Rahmen dieser Gesamtanordnung rufen sie für kürzere Zeiträume (durchschnittlich 350 Jahre) die besonderen *Gaben* einiger Erzengel wach. Die so zum Handeln aufgerufenen Erzengel sind sieben an der Zahl: Michael, Oriphiel, Anael, Zachariel, Raphael, Samael und Gabriel.

Die letzte Einflussperiode Michaels reichte von 610 bis 600 v. Chr. Es war eine Epoche des Kosmopolitismus' und des Aufblühens eines neuen Denkens. Darin fielen die großen Eroberungen Alexanders des Großen (356-323), die Geburt der griechischen Philosophie und die Anfänge des konzeptuellen Denkens mit Buddha Gautama (563-483), Pythagoras (528-507), Lao Tse (570-490), Sokrates (470-399), Platon (428-348) und Aristoteles (384-322).

Heute übernimmt Michael erneut die Regentschaft, um sein Wirken fortzusetzen, jedoch auf einer anderen Ebene. Er hält den Einzelnen dazu an,

- **sein Denken zu verändern,** es dem Materialismus zu entreißen, um es **auf die spirituelle Welt zu richten,**
- **seine Individualität zu entwickeln,** indem er sich mehr auf sich selbst stützt, autonomer und freier wird und
- **sich dem Kosmopolitismus zu öffnen,** das heißt dem anderen in seiner Unterschiedlichkeit, um richtig zusammenzuarbeiten.

Der heutige Mensch und der Geist unseres Zeitalters: Warum und wie Verbindung mit Michael aufnehmen?

Die Aufgabe Michaels ist nicht einfach, denn das Individuum war noch nie so von der spirituellen Wirklichkeit abgeschnitten wie heute. Der Erzengel muss aber erreichen, dass der Mensch diese Trennung überwindet, sich für die spirituelle Welt interessiert und seine Interessen nicht nur der Materie zuwendet, sondern auch Gott.

Wir alle stehen mehr oder weniger im Konflikt mit der Notwendigkeit dieser Zeit, uns den spirituellen Wirklichkeiten, dem Unsichtbaren und dem Unbekannten zu öffnen. Wir beschäftigen uns viel lieber mit Dingen, die uns fühlbar und konkret erscheinen, mit der greifbaren und konsumierbaren Materie. Das zeigt sich darin, wie wenig Zeit wir uns dafür nehmen, uns selbst zu prüfen und uns für spirituelle Fragen zu interessieren. Die meiste Zeit über weigern wir uns, an diese Dimension zu glauben. Und wenn wir daran glauben, sind wir zu sehr von unseren alltäglichen Verpflichtungen eingenommen, um tief gehend an uns zu arbeiten. Die Gegenwart des Materialismus' in der menschlichen Seele ist so vorherrschend, auch bei denjenigen, die Spiritualität lehren und praktizieren, dass ein großer Wille und große Entschlusskraft vonnöten sind, um sich davon zu befreien. Aus diesem Grund fühlt sich der heutige Mensch wahrscheinlich immer gleichgültiger gegenüber der Epoche, in der er lebt, den Menschen, mit denen zusammen er geboren wurde, dem Beruf, den er ausübt. Wie ist er überhaupt in all das hineingeraten, fragt er sich, und: Warum bin ich im 20. Jahrhundert geboren, in einer dermaßen materialistischen Zeit, in der die Menschen anscheinend keine Verbindung mehr zueinander haben, keine Moralität und keinen roten Faden mehr, der dem Leben eine Richtung und einen klaren Sinn gibt?

In Wirklichkeit würde er, wenn er sich tiefer gehend befragen würde, feststellen, dass all das nur eine Erscheinung an der Oberfläche ist und dass er die Zeit liebt, in der er lebt, auch, wenn das alltägliche Bewusstsein sich dagegen sträubt und sich darüber beklagt. Die Tendenzen und grundlegenden Kräfte dieses Jahrhunderts stehen tatsächlich in einer tiefen und bedeutungsvollen Verbindung mit unserem Sein und unserem Schicksal. Unter dem Druck dieses Jahrhunderts treten neue Fähigkeiten und Eigenschaften des Menschen zu Tage, die wir in den früheren Jahrhunderten nicht hätten entwickeln können. Jeder wird dazu angehalten, autonomer und sich seiner selbst bewusster zu werden, um sich eines Tages Werten einer ewigeren Natur zu öffnen, ohne die einfach nichts Bestand hat (Liebe, Familie, Arbeit, Geld, Gesundheit usw.). Ob wir es wollen oder nicht, wir alle sind damit konfrontiert, uns dem Wesentlichen zuzuwenden, uns Fragen über den tieferen Sinn des Lebens zu stellen, Entscheidungen zu treffen und über uns selbst hinauszuwachsen, um soziale Wesen zu bleiben. Es sind diese zu jedem Zeitpunkt notwendigen Entscheidungen, die uns innerlich stärken und uns für das Transzendente öffnen.

Michael ist immer dann gegenwärtig, wenn wir versuchen, uns für Fremdes zu interessieren und zu öffnen, oder wenn wir der Versuchung der Trägheit und des Egoismus' (dem inneren *Drachen*) widerstehen. Er ist der Repräsentant der Fähigkeit zur Selbstüberwindung, der spirituelle Meister der Freiheit. Frei zu sein bedeutet nicht, immer zu tun, was man will, und ohne Hindernisse zu leben, sondern, sich selbst immer wieder zu übertreffen. Es geht darum, das eigene innere Wesen durch aktive Arbeit, durch ein Bemühen zu formen, und dadurch eine neue spirituelle Gestalt zu erschaffen, die Grundlage einer künftigen körperlichen Gestalt sein wird. Freiheit zu erfahren bedeutet, sein eigener Schöpfer zu sein.

Der innere Drache

Der Drache ist traditionell Wächter verborgener Schätze und deshalb der Gegner, der besiegt werden muss, um sich ihrer zu bemächtigen. Im Grunde aus Trägheit und allem bestehend, was sich weigert, sich weiterzuentwickeln, ist der Drache ein rückständiges Wesen, das vernichtet werden muss, damit aber nicht einverstanden ist. Es ist der Widerstand gegen Fortschritt und echte Entwicklung. Ausdruck von Trägheit in unserem Selbst sind zum Beispiel alle Verhaltensweisen, die wir unaufhörlich wiederholen, obwohl sie nicht mehr mit dem übereinstimmen, was wir schon verstanden haben. Genauso verhält es sich auch mit dem

Egoismus und allen Leidenschaften. Wir wissen sehr wohl, dass es nicht richtig ist, egoistisch, eifersüchtig, missgünstig oder geizig zu sein, aber wir handeln trotzdem weiterhin so. Dazu kommen dann noch all jene unbewussten Tendenzen, von deren Existenz wir noch nicht einmal eine Ahnung haben, die jedoch ohne unser Wissen wirken.

Diesen Drachen tragen wir seit Anbeginn der Zeit in uns, doch da wir uns momentan in einem michaelischen Zeitraum befinden, können wir uns seiner bewusst werden und ihn bezwingen. Wie ein Dompteur eines wilden Tieres müssen wir lernen, unsere Trägheit zu zähmen. Die Trägheit widersteht jeder Bewegung, die man in sie bringen will, und findet ein ganzes Arsenal von Ablenkungen, um an überholten Verhaltensweisen festzuhalten. Den eigenen Drachen zu Füßen zu haben läuft darauf hinaus, sich der Kraft der inneren Trägheit bewusst zu werden, sich transformieren zu wollen, indem man die eigenen Leidenschaften in eine andere Richtung lenkt. Die Leidenschaften werden an die Leine gelegt, und die Macht, die in ihnen liegt, wird freigesetzt und auf ein selbst gewähltes Ziel gerichtet.

Der Kampf gegen den Drachen erfordert gleichermaßen große Bedachtsamkeit, Konzentration und Geistesgegenwart. Man muss stets wachsam bleiben, sich unaufhörlich selbst überwachen, damit Verhalten und Handlungen dem entsprechen, was das Denken vorgibt. Eine lange und schwierige Arbeit, zu der jeder Mensch in diesen michaelischen Zeiten verpflichtet ist, indem er das Schwert und die Waage Michaels zu Hilfe nimmt.

Das Schwert Michaels

Das Schwert Michaels ist das Schwert des GLAUBENS. Durch den Glauben können wir unseren inneren Drachen besiegen und uns transformieren.

Das Schwert Michaels symbolisiert die Fähigkeit zur Urteilsfähigkeit, und in seinen Besitz gelangt man, wenn man sich die Prophezeiung von Johannes dem Täufer zu Eigen macht: "*Tut Buße, denn das Himmelreich ist nahe herbeigekommen.*" (Mt 3,2 und 4,17)

Unser Denken ist heutzutage entwickelt genug, um das Schwert des Glaubens zu schmieden. Doch genau wie das Metall, das geschmolzen und gehämmert werden muss, um die gewünschte Form anzunehmen, muss auch das Denken bearbeitet, geformt und vom Herzen erwärmt werden, um so präzise und scharf wie eine Klinge zu werden. Nur ein vom Herzen und hohen spirituellen *Idealen* getragenes Denken hat eine ausreichende Schärfe, um urteilsfähig zu sein, das heißt das Wichtige vom Unwichtigen, das Ewige vom Vergänglichen und die Wahrheit von der simplen Illusion zu unterscheiden.

Das Denken wurde der Menschheit in seinem natürlichen, noch nicht vom Menschen geformten Zustand durch Luzifer zum Zeitpunkt der Vertreibung aus dem Paradies zuteil. Luzifer säte im Menschen den Samen des Verstandesdenkens, eines Denkens, das vom Universellen abgetrennt ist und gottgleich sein will. Dieses Denken, das sich im Laufe der Jahrtausende unaufhörlich weiterentwickelt hat, war jedoch notwendig, denn es erlaubte dem Menschen, aus einem symbiotischen, von nichts differenzierten Bewusstsein herauszutreten, um sich hin zu einem Individualbewusstsein zu entwickeln.

Das luziferische Denken erreichte seinen Höhepunkt und sein Ziel um die Renaissance herum. Seitdem muss es transformiert, erwärmt, geschmiedet werden, und Michael ist der Kunsthandwerker dieser Verwandlung. Seit seiner Ankunft im Jahre 1879, angesichts des immer abstrakteren Denkens des modernen Menschen, der sich für Gott hält, ruft Michael laut die Frage aus, die er einst Luzifer stellte: "*Wer ist wie Gott?*" Zu dieser Frage müssen wir Stellung beziehen: Wollen wir uns weiterhin in einem von den universellen Gesetzen abgetrennten Denken einschließen, oder wollen wir uns in den Dienst transzendenter Gedanken stellen, die der manifestierten Welt zu Grunde liegen? Indem wir die kosmischen Gedanken und die großen spirituellen *Ideale* aufgreifen, ergreifen wir gleichzeitig auch das Schwert des Glaubens und nähern uns Michael. Denn der Erzengel ist der Regent der universellen Gedanken der Götter. In der spirituellen Welt sind die Gedanken Wesenheiten. Michael hat die Aufgabe, sie zu lenken, sie gewissermaßen zu regieren. Auf Grund dessen ist auch er es, der den menschlichen Gedanken Impulse und Kraft verleiht, damit sie sich den universellen Gedanken des Kosmos' annähern und diese verstehen können.

Indem er den menschlichen Gedanken Kraft gibt, damit sie sich in die spirituellen Wirklichkeiten erheben, hilft Michael direkt dem *Ich* des Menschen, da dieses ja auf den universellen Wirklichkeiten erbaut ist. Auf diese Weise wird Michael zugleich zum Inspirator und zum Beschützer der Menschheit.

Die Aufgabe unseres Zeitalters: Erlangung des Glaubens

Es geht darum, an sich selbst, an die anderen und an das Leben zu glauben. Der Glaube hat etwas mit einer *Vision* zu tun. Er bedeutet, innerlich eine *Vision* von etwas zu haben, das noch nicht existiert; die eigene *Vision* so wach zu halten und zu bewahren, dass sie eines Tages zu einer Wirklichkeit in der manifestierten Welt wird. An sich selbst zu glauben heißt also, eine bestimmte *Vision* von sich selbst zu haben. Es heißt nicht, sich eine gute oder schlechte Vorstellung von sich selbst zu machen, wie man das sonst immer tut, sondern, die eigene Zukunft vorauszuahnen.

Die Fähigkeit zur Vision wird uns nicht von Amts wegen oder von Geburt an gegeben, sondern man erlangt sie allmählich durch Arbeit an sich selbst. Es geht darum, Sensibilität und Intelligenz des Herzens und Denkens miteinander zu vereinen. Nur das Herz kann fühlen, was die Intelligenz nicht erschließen kann, doch kann man auch nicht auf die Intelligenz verzichten, um dem, was man im Herzen fühlt, Gestalt zu verleihen. Die Sensibilität erlaubt es uns, Gott zu spüren, der tief in unserem Herzen verborgen ist. Dieses Prinzip beseelt uns und erlaubt uns, schöpferisch zu sein. Die Intelligenz wiederum erlaubt uns zu benennen, was wir werden wollen, feste Pläne zu haben, um unserem Leben eine bestimmte Richtung zu geben. Die Verbindung der Sensibilität des Herzens mit der Intelligenz des Kopfes verleiht uns die Fähigkeit zur *Vision*.

In früherer Zeit war die *spirituelle Vision* oder das Hellsehen eine natürliche Fähigkeit und lag allem Wissen als Quelle zu Grunde. Das instinktive Hellsehen sprudelte aus den körperlichen Kräften hervor und übertrug sich über die Blutsbande. Es behob gewissermaßen das Fehlen eines individuellen Denkens, über das der Mensch der Vergangenheit nicht verfügte. Dank des Hellsehens konnte der Mensch die Wahrheit schauen und erkennen.

In der Folge sollte der Mensch dann allmählich seine Fähigkeit zum instinktiven Hellsehen verlieren, um zum rationalen Denken zu gelangen. Er wurde vom Universellen und von der Weisheit der Welt abgeschnitten, um zu eigener Weisheit zu kommen. In Voraussicht dieser radikalen Transformation des Menschen erhielt Moses die Gesetzestafeln. Der Mensch, der seine Fähigkeit zur instinktiven Vision verlor, konnte nichts mehr erkennen. Von nun an musste er Gesetze befolgen.

Bei der Ankunft Christi auf Erden vor zweitausend Jahren wurde der Samen des individuellen Denkens in jedem Menschen gesät. Dank eines personalisierten Denkens konnte der Mensch sich nun selbst mit den großen spirituellen *Idealen* in Verbindung bringen, um rechtmäßig zu handeln. Im Laufe der Zeit sollte das Gesetz seine Notwendigkeit verlieren, und der Glaube sollte an die Stelle des Gesetzes treten: "*Nicht es auflösen, sondern es erfüllen*", nach den Worten Christi in der Bergpredigt (Mt 5, 17-18).

Dies bedeutet für uns heute, dass wir uns auf unsere *visionären* Vorahnungen verlassen sollen, um Entscheidungen zu treffen, statt uns einzig auf das Äußere zu stützen (das, was wir von unserer Persönlichkeit kennen, die anderen, die äußeren Umstände usw.). Das ist die Bedeutung dessen, sich vom Gesetz zum Glauben zu erheben: sich nicht mehr vom Äußeren (dem Gesetz), sondern vom Inneren (dem Glauben) leiten zu lassen.

Es geht darum, uns selbst zu vertrauen: dem zuzuhören, was wir in unserem tiefsten Inneren wissen, wenn wir nur unser Denken darauf lenken. Wir werden uns immer weniger auf das Außen oder die anderen stützen müssen, um Entscheidungen zu treffen. Es ist ein schwieriges Unterfangen, sich nur auf sich selbst zu stützen, wenn es um Entscheidungen, Beschlüsse oder Verhaltensweisen geht, ohne dabei die anderen zurückzuweisen. Die meiste Zeit über müssen wir darum kämpfen, es zu wagen, nach unserem Herzen zu handeln: gegen die Angst, uns zu irren, die Angst vor dem Blick der anderen und vor Zurückweisung, die Angst vor Einsamkeit.

Sich selbst zu vertrauen heißt, sich schon jetzt mit dem zu vereinen, was man einst sein wird. Es bedeutet, eine spirituelle Vision von sich selbst zu haben. Es ist die Fähigkeit, über sich selbst hinauszuwachsen, über das hinauszugehen, was man für die eigene Perfektionierung tun kann.

Der michaelische Glaube, der in unserem Zeitalter erlangt werden muss, ist ein mächtiger Motor, mit dem alles erreicht werden kann. Er ist ein Bündnis oder ein Pakt zwischen dem göttlichen Anteil (dem *spirituellen Selbst*) und dem *Ich*.

Die Notwendigkeit von Eisen für das Selbstvertrauen

Das Metall, aus dem das Schwert Michaels besteht, ist Eisen. Dieses spielt nun aber eine große Rolle im menschlichen Organismus. Als einziges im menschlichen Blut vorhandenes Metall hilft Eisen zunächst dem Kind, sich in seinem physischen Körper zu inkarnieren, und erlaubt ihm später, seine familiäre Kernzelle zu verlassen, um sich aufzumachen und seinen Beitrag in der Welt zu leisten. Das Eisen im Blut wirkt regulierend und stimulierend auf die Kräfte des Mutes und des Willens. Wenn man bedenkt, dass es der Wille ist, mit dem es einem gelingt, das Denken zu konzentrieren, und dass die Konzentration ein unabdingbares Element für den Übergang des materialistischen Denkens zum aktiven Denken ist, erfasst man die ganze Bedeutung des Eisens für jemanden, der versucht, sein Denken zu transformieren.

Eisenmangel im Blut (vorübergehend, bei Anämie oder Blutarmut) hat zur Folge, dass man sich innerlich hilflos fühlt, als ob man kein Schwert mehr in der Hand hätte. Man wird unfähig, auch nur die kleinste Anstrengung zu unternehmen, verliert den Gefallen an allem Irdischen und sieht im Leben keinen Sinn mehr. Eine unüberwindbare Müdigkeit lässt alle Anstrengungen als unmöglich und in jedem Falle als unnütz erscheinen. Es ist interessant, dass der medizinischen Forschung zufolge der tägliche Eisenverlust beim Mann ein Milligramm beträgt, während die Frau zwei Milligramm verliert. Dies kann teilweise die Schwierigkeiten erklären, die Frauen manchmal haben, sich zu konzentrieren und emotional stabil zu bleiben. Daher muss sich die Frau neben punktueller Hilfe durch ergänzend zugeführtes Eisen im Falle eines Mangels genauso in Konzentration üben. Warum? Weil die Aktivität, die der Konzentration zu Grunde liegt, selbst den Organismus stärkt, ihn gewissermaßen dazu anregt, selbst Eisen herzustellen und zu assimilieren, das das *Ich* benötigt, um sich zu entwickeln.

Aus makrokosmischer Sicht, das heißt auf der gesamten Erde, erinnert uns das Eisen des Schwertes daran, dass Michael uns jedes Jahr ab dem Monat August (während der *Perseiden*) kosmisches Eisen schickt. Auf dem Höhepunkt des Sommers öffnet die Erde sich den universellen Kräften und lädt sich neu mit meteoritischem Eisen auf. Die Herbstluft ist gesättigt von Eisen. Wenn der Mensch sich dessen bewusst ist, kann er dieses Eisen aufnehmen, um sein Vertrauen in sich selbst zu stärken, um dann im November und Dezember seinem *Drachen* die Stirn zu bieten.

Tatsächlich ist es der Herbst (die michaelische Jahreszeit schlechthin), in dem man den düsteren Teil des eigenen Selbst bekämpfen muss. Die Natur stirbt, und das Licht wird schwächer, der Mensch ist sich selbst ausgeliefert. Er kann sich nicht mehr auf die äußeren Elemente stützen, sonst würde er sich in den Niedergang und den Tod der Natur hineinziehen lassen. Er muss also aus sich selbst Kraft schöpfen, um sich wieder aufzurichten, um sich nicht in Trägheit und Traurigkeit zu verlieren. Wer hat im November und Dezember nicht schon einmal diese Furcht erregende Einsamkeit, diese fast unüberwindbare Müdigkeit verspürt, oder diese düsteren Gedanken gehabt, bei denen die Stimmung tief in den Keller sinkt? Diese seelischen Zustände zeigen an, dass die Stunde des Kampfes gekommen ist. Wir müssen uns mit den reinigenden Kräften Michaels und mit dem Eisen vereinen, das wir im August in uns aufgenommen haben. Denn der jährliche Kampf Michaels gegen den Drachen, der seinen Höhepunkt am letzten Adventssonntag erreicht (dem Sonntag vor Weihnachten), endet stets mit einem Sieg:

Die spirituelle Sonne geht am Ende wieder auf und strahlt am Weihnachtsabend im menschlichen Herzen.

Die michaelische Waage

Die michaelische Waage ist die Waage der HOFFNUNG. Nach seiner Aufforderung "*Kehrt um, denn das Himmelreich ist nahe herbeigekommen*" sprach Johannes der Täufer: "*Seht zu, bringt rechtschaffene Frucht der Buße!*" (Mt 3,8 oder Lk 3,8). Der Glauben vollendet sich durch die Hoffnung. Die Waage erlaubt uns zu *wiegen,* den Wert unserer Handlungen zu messen. Eine Handlung hat Wert, wenn sie die Verlängerung eines wahren Gedankens ist (da er mit dem Herzen verbunden ist).

Die Waage Michaels lädt uns dazu ein, unsere Handlungen zu *wiegen,* um

1. zu erfahren, ob sie dem entsprechen, was wir denken, und unaufhörlich zu prüfen, ob keine Diskrepanz zwischen unserem Denken und Handeln besteht. Diese Diskrepanz wird von Paulus in seinem Brief an die Römer (7,22) angesprochen: "*Denn ich habe Lust an Gottes Gesetz nach dem inwendigen Menschen* (dem Glauben). *Ich sehe aber ein anderes Gesetz in meinen Gliedern, das widerstreitet dem Gesetz in meinem Gemüt und hält mich gefangen im Gesetz der Sünde, das in meinen Gliedern ist* (der Wille)."

2. zu erfahren, wie wir so handeln können, dass wir dem Wohlergehen, dem dauerhaften Glück unserer Mitmenschen, dem Ewigen bestmöglich dienen. Wir müssen es uns zur Gewohnheit machen, sorgfältig die Auswirkungen unseres Tuns abzuwägen.

Die Beurteilung, mit der die Abweichung zwischen Gedanken und Handlungen ermessen werden kann, ist das Mittel, um zu bekämpfen, was die Christen die *Sünde* nennen. Die griechische Ethymologie des Wortes Sünde *(amartia),* was "irren" oder "ziellos sein" bedeutet, zeigt deutlich, dass die Sünde Ergebnis eines Beurteilungsfehlers ist. Man strebt ein Ziel an (das man sich mit dem Denken vorstellt), doch der Pfeil verfehlt das Ziel (der Wille ändert die Richtung). Sündigen bedeutet, den eigenen Willen schlecht zu führen oder ihn orientierungs- und richtungslos zu lassen. Der Wille treibt irgendwohin, und wir fühlen uns zerstreut, zerschlagen. Sich innerlich zu vereinheitlichen (Denken und Wille im Herzen miteinander zu verbinden), um den Willen durch das wahre Denken zu leiten, hilft dabei, zu einem vollständigen Individuum zu werden (vom lateinischen *individuum,* das "nicht teilbar" bedeutet).

Angesichts einer schwierigen Situation ist es daher immer das Denken, das Herrscher über die im Willen angesiedelten Leidenschaften bleiben muss. Es ist wichtig zu lernen, über sich selbst hinauszuwachsen, *etwas von sich zu opfern* und sich für die Verhaltensweise zu entscheiden, die man annehmen will, unabhängig vom dadurch entstandenen Schmerz. Gewiss leiden wir, doch wir wollen aus ganzer Kraft nach unserem spirituellen *Ideal* handeln. Wenn dieses *Ideal* Brüderlichkeit ist, wollen wir aus ganzer Kraft brüderlich sein, denn dank dem Denken des Herzens haben wir *verstanden,* was Brüderlichkeit für die Zukunft der Welt bedeutet. Wir lieben die Brüderlichkeit mehr als uns selbst und wählen Brüderlichkeit für alles und gegenüber allem. Wir sind fähig zu *beurteilen,* das heißt, zwei mögliche Verhaltensweisen gegeneinander abzuwägen: Von uns selbst und den anderen wählen wir die anderen; von unserem Ego und unserem Herzen wählen wir unser Herz.

Die Fähigkeit zur *gerechten Beurteilung* bewirkt, dass wir auf einen Teil unserer selbst verzichten, um ihn anderen zu schenken. Und selbst wenn wir jedes Mal versucht sind, wieder umzukehren, unsere alten

Verhaltensweisen wieder anzunehmen, halten wir beherzt unsere Verpflichtungen ein, indem wir uns einzig auf unsere innere Kraft stützen.

So befreien wir uns allmählich von unseren Anhänglichkeiten, Gewohnheiten, von allem, was uns in Fesseln legt und uns daran hindert, wir selbst zu sein. Wir werden niemals gleichgültig, sondern lernen vielmehr, Abstand zu nehmen, nicht mehr an dem zu haften, was uns umgibt, uns nicht mehr in den Ereignissen zu verlieren. Mitten in der Welt, in der wir leben, bleiben wir frei und können uns von einer Situation in die nächste begeben, ohne uns jemals mit dem Angetroffenen zu identifizieren. In dieser inneren Einsamkeit, diesem *Tête-à-Tête* mit sich selbst, erlangt man Freiheit, eine Freiheit, die auf dem Willen zum Selbstverzicht erbaut ist, um sich den anderen zuzuwenden. Man erfährt in vollem Maße den schönen Gedanken von Alexander Solschenizyn, dem russischen Propheten des 20. Jahrhunderts: *"Freiheit ist Selbsteinschränkung aus Liebe zu den anderen."*

Indem man die Kraft findet, losgelöster zu handeln, stellt man sich dem anderen vollständig zur Verfügung und ist in der Lage, im Interesse aller und für die Zukunft zu handeln ...

Handlungen sind die *Werke,* die so oft in der Heiligen Schrift Erwähnung finden. So heißt es in Bezug auf das *Jüngste Gericht*, dass jene ins ewige Leben eintreten werden, die Gutes getan, und jene in die Verdammnis, die Schlechtes getan haben (Mt 25, 32-46). In Bezug auf die *toten* Werke heißt es: *"Um wie viel mehr wird dann das Blut Christi, der sich selbst als Opfer ohne Fehl durch den ewigen Geist Gott dargebracht hat, unser Gewissen reinigen von den toten Werken, zu dienen dem lebendigen Gott!"* (Hebr 9,14) Und außerdem: *"Ich werde geben einem jeden von euch nach euren Werken."* (Offb 2,23) Das, was den Wert der *Werke* oder Handlungen ausmacht, sind Wahrheit und Güte, von denen sie mehr oder weniger durchdrungen sind.

Von der Vergeltung zur Vergebung

Genau wie das Schwert Michaels uns dazu einlädt, vom Gesetz zum Glauben überzugehen, ermuntert uns seine Waage dazu, von der Vergeltung zur Vergebung überzugehen, das heißt von einem undurchsichtigen Schuldgefühl, das ein Verlangen nach Vergeltung (einer Strafe) mit sich bringt, hin zu Verantwortung, die Vergebung bewirkt.

Die Urschuld stammt aus der Vertreibung aus dem irdischen Paradies. Seit diesem Ereignis fühlen wir uns unbewusst schuldig, unsere Unschuld verloren zu haben und in die Inkarnation gestürzt zu sein. Wir sind schuldig, weil wir aus der spirituellen Welt vertrieben wurden, und jede Konfrontation mit unseren düsteren Anteilen macht unsere Schuld nur noch offensichtlicher. Im Alltag drückt sich diese Schuld in unseren Beziehungen und Erlebnissen aus: Schuld des Kindes gegenüber seinen Eltern, des Erwachsenen gegenüber seinem Ehepartner, seinen Kindern oder seiner Familie usw.

Die Schuld ist eine Last, eine Belastung, die uns erdrückt und Fesseln anlegt, da sie uns daran hindert, unserer Zukunft entgegenzugehen. Sie lähmt unseren Willen. Diese Lähmung gibt uns ein Gefühl der Nutzlosigkeit im Hinblick auf alles, was wir unternehmen könnten. Wenn unser Wille gelähmt ist (der Wille ist ein Impuls, der stets in die Zukunft, nach vorn drängt), haben wir keine Verbindung mehr zur Zukunft und daher keinen Grund mehr, weiterzukommen, das heißt etwas zu unternehmen, zu erschaffen, uns weiterzuentwickeln, uns zu transformieren. Wir fühlen uns als Gefangene unserer Vergangenheit, über die wir unaufhörlich nachgrübeln, weil wir nichts Gutes zustande gebracht haben. Jede Unvollkommenheit, jeder Fehler wird unbewusst als unumstößlich empfunden. Daraus folgt, dass unsere Zukunft lediglich als Verlängerung unserer Vergangenheit gelebt werden kann, eine ewige Wiederholung von allem, was sich bereits ereignet hat, mit allen Fehlern und Mängeln. Die Zukunft wird zur Vergangenheit, sie enthält nichts Neues, keine Verbesserungen und nichts Schöpferisches. Das ist die *Zukunftslosigkeit,* von der in unserer heutigen Gesellschaft so oft die Rede ist und die so offenkundig ist.

Die Schuld hält die Empfindung wach, keine Fortschritte machen zu können, nichts an sich selbst und an der Welt ändern zu können, was ein Gefühl des Erstickens hervorruft und tiefe Furcht erzeugt. Jede Erinnerung an unsere Fehler verwandelt sich in Selbstbeschuldigung und lastet schwer auf unserem Herzen (unser Herz ist schwer von Schuld).

Eine solche Bürde können wir nicht unser ganzes Leben lang tragen. Wir müssen ein Mittel finden, um uns davon zu befreien, um weiterkommen zu können. Das unbewusste Mittel, um dieses schwere Gefühl der Unwürdigkeit loszuwerden, besteht darin, Vergeltung zu verlangen und für unsere Fehler zu büßen, indem wir eine Bestrafung auf uns nehmen. Durch die Bestrafung und das Leiden, das damit einhergeht, fühlen wir uns gereinigt, geläutert und bereit, noch einmal bei Null anzufangen. Die meiste Zeit über geschieht diese Buße über Krankheiten, Unfälle oder Trennungen. Sie kann aber auch andere Formen annehmen.

Die unbewusste Forderung nach Vergeltung ist eine passive Einstellung, denn der Mensch befreit sich zwar durch sein Leiden von seiner Schuld, ist jedoch nicht schöpferisch: Er verwandelt seine Fehler nicht in Qualitäten, sondern macht sich von ihnen frei. Es gibt keinen wirklichen Fortschritt, und wenn doch, dann ist er minimal. In seinem Buch *Heilung durch die Schwingung der Blütenessenzen** erläutert Gurudas im Hinblick auf den Ysop: "Die Erleichterung von Schuldgefühlen bedeutet nicht, dass man sie unterdrückt, sondern dass man sich ehrlich mit den Beweggründen des eigenen Denkens und Handelns auseinandersetzt. Durch Anerkennen und Loslassen von Schuldgefühlen im Inneren können sich konstruktivere Tendenzen in der Persönlichkeit entwickeln." Die Anerkennung der Schuldgefühle ist in der Tat ein unentbehrliches Element, um die Befreiung davon konstruktiver zu machen. Allerdings ist es notwendig, noch weiter zu gehen, indem man Verantwortung übernimmt, das heißt indem man durch Vergebung und das Erlernen neuer Eigenschaften oder Fähigkeiten entwicklungsfähig auf die Situation reagiert.

Die Vergeltung gehört der vorchristlichen Zeit an, in der der sich seiner selbst noch nicht bewusste Mensch für seine Handlungen noch keine Verantwortung übernehmen konnte. Die Vergeltung erlaubte es dem Menschen, sich weiterzuentwickeln. Seit der Ankunft Christi auf Erden und der Erlangung des Selbstgefühls zeigt Michael dem Menschen mit seiner Waage, dass er von der Vergeltung zur Vergebung übergehen muss.

Während die Schuld eine Art Fatalismus ist, in dem man aus Nichtwissen schwelgt und aus dem man nur durch Vergeltung (im Sinne von Bestrafung) herauskommen kann, ist die Vergebung eine Bewusstwerdung des Problems, die erlaubt, durch das Geben seiner selbst zu reagieren (loszulassen und etwas von sich selbst zu geben).

Die michaelische Hoffnung

Die Vergebung hilft uns, Lehren aus unserem Leben zu ziehen, zu transformieren, was man Karma nennt. Hinter diesem Sanskrit-Namen verbirgt sich das Wort *Handlung.* Das Karma enthält den Begriff einer Handlung, die Früchte tragen wird, welche später von ihrem Urheber geerntet werden. Alle Taten, Gefühle oder Gedanken schicken Energie in die Zukunft. Die ausgesandte Energie kehrt unfehlbar wieder zu ihrem Urheber zurück.

Zu lernen, das Karma zu sehen, ist nicht besonders einfach, denn die Energie kehrt transformiert zurück, weshalb wir nicht immer die Früchte unserer Taten erkennen. Im Allgemeinen kommt das daher, dass eine Tat oder ein Wort sich bei anderen Menschen weiterentwickelt hat und zu einem bestimmten Zeitpunkt zu uns zurückkehrt. Beispielsweise nehmen wir nicht wahr, wie ein ausgesprochenes Wort oder eine vollbrachte Tat bei anderen weiterlebt und sich in der Folge verwandelt. Oft sind wir dann überrascht, dass die Urteile, die an uns herangetragen werden, nicht dem Bild entsprechen, das wir von uns selbst haben.

Die wichtigste Regel des Karma lautet, dass wir stets das ernten, was wir gesät haben, selbst wenn die Saat blühend und verwandelt zu uns zurückkehrt. Der Mensch der michaelischen Zeit muss sich für das Karma interessieren und sich bemühen, seine Funktionsweise zu verstehen.

Das Karma ist eng mit der Vergebung verbunden, da man ja, um es zu transformieren, Lehren aus allem Erlebtem ziehen können muss. Sich selbst zu bemitleiden, sich schuldig oder unfähig zu fühlen sind Einstellungen, die uns daran hindern, unser Karma zu erkennen. Im Gegensatz dazu erlaubt eine mutige Reaktion auf die eigenen Fehler oder Mängel, indem man sie durch Tugenden ersetzt, das eigene Karma zu ermessen und zu transformieren.

Wir müssen spüren, dass wir uns entwickeln, perfektionieren und unsere *Fehler* wieder gutmachen können. So schaffen wir eine Verbindung zwischen Vergangenheit und Zukunft. Aus dieser Gewissheit, weiterkommen zu können, entspringt die Hoffnung, die Überzeugung, dass alles möglich ist, und die Kraft, es zu vollbringen.

In der Hoffnung liegt ein Optimismus, der es uns erlaubt, Neues zu erblicken, eine Kraft, die uns hilft, Herausforderungen anzunehmen, Hindernisse zu überwinden, uns in dem Maße zu transzendieren, wie wir vorankommen. Die Hoffnung ist das Streben des Herzens nach einem höheren *Ideal,* von dem wir wissen, dass wir es verwirklichen können. Die beiden Goldschwingen der Hoffnung tragen uns in die Zukunft. Sie geben uns die Gewissheit, dass wir Schöpfer unseres eigenen Lebens sind und dass alles möglich ist.

Dem Menschen, der von Hoffnung erfüllt ist, da er Schöpfer seiner Taten ist, stellt Michael erneut seine Frage: "*Wer ist wie Gott?*" Hier hat die Frage jedoch nicht mehr ihren ursprünglichen Sinn: Sie ist kein Tadel mehr. Im Gegenteil erinnert sie den Menschen an seinen Ursprung und sein Ziel. Sie bedeutet: "*Was hast du getan, das dich Gott ähnlich macht?*", das heißt, was sind die guten Taten und die moralischen Qualitäten, die du erlangt hast und die dich Gott ähnlich machen. Für den Menschen, der Widrigkeiten würdevoll und aufrecht begegnen kann, ist die Waage kein Gegenstand der Bestrafung, sondern edles Werkzeug der Hoffnung.

Auf makrokosmischer Ebene gelangen alle Taten der Menschen in die Waage Michaels und werden in die spirituellen Höhen erhoben, um gewogen zu werden. Jede menschliche Tat hat eine Auswirkung auf die Materie; sie verändert sie, transformiert sie ununterbrochen. Die Taten, die der Mensch mit wahrem Denken gelenkt hat, jene, die mit Güte vollbracht wurden, werden von Michael entgegengenommen. Sie sind der Samen für die nächste Inkarnation der Erde (den zukünftigen *Jupiter* oder das *Heilige Jerusalem*). Die anderen Taten, jene, die tot oder nicht von gutem Willen erfüllt sind, werden von Michael zurückgewiesen. Sie werden zu einem Samen für eine Parallelwelt am Rande der normalen Entwicklung.

Man findet in der Ikonografie das Bild der Waage wieder, wo Michael dem Ende der Zeiten vorsitzt, indem er die Seelen wiegt, um ihre Verdienste und das Schicksal zu ermessen, das sie erwartet. Diese apokalyptische Darstellung Michaels lädt den Menschen dazu ein, die

Fähigkeit zur gerechten Beurteilung zu entwickeln, um sich der Folgen seiner Handlungen (seines Karmas) bewusst zu werden. Indem man sich bewusst mit Michael verbündet, um die eigenen Taten zu beurteilen, gelangt man zum Verständnis des eigenen Karmas: Man erhält seine Vision und den Mut, es zu transformieren.

ZUSAMMENFASSUNG VON KAPITEL 7

Michael (der heilige Michael) ist ein Erzengel, meist als junger Ritter dargestellt, der in einer Hand ein Schwert und in der anderen eine Waage hält und einen riesigen Drachen niedergestreckt hat, der ihm zu Füßen liegt.

Heute ist er der *Geist unserer Zeit,* das heißt, dass er unser Zeitalter beeinflusst, unsere Kultur und unsere Zivilisation inspiriert, seit 1879 bis noch etwa 2235.

Er drängt uns dazu, unser Denken zu verwandeln und uns für die spirituellen Wirklichkeiten zu interessieren, unsere Individualität zu entwickeln und uns dem Kosmopolitismus zu öffnen.

Er lädt uns auch dazu ein, gegen unseren inneren *Drachen* zu kämpfen, den düsteren Teil unserer selbst, der aus Trägheit und Egoismus besteht. Wir können ihn hierfür als Vorbild nehmen, um unser Schwert (den Glauben) und unsere Waage (die Hoffnung) zu benutzen.

Der Glaube gründet auf einem mit dem Herzen verbündeten Denken, das in Verbindung mit den großen spirituellen *Idealen* steht. Die Hoffnung gründet auf der Fähigkeit, den Wert der eigenen Taten zu ermessen und deren Folgen abzuwägen.

Glauben zu besitzen heißt, sich selbst zu vertrauen, das heißt, sich mit dem zu vereinen, was man in der Zukunft sein wird. Hoffnung zu besitzen heißt, sich als Schöpfer des eigenen Lebens und der Welt zu fühlen.

ÜBUNGEN

1. Sich selbst vergeben

2. Den anderen vergeben

Die Vergebung, Werkzeug der Hoffnung

Wir alle verspüren irgendwann einmal die Notwendigkeit zu vergeben: uns selbst oder einem anderen. Dann wird uns klar, dass dies oft recht schwierig ist. Selbst wenn wir es von ganzem Herzen wollen, gelingt es uns nicht. Warum ist das so schwierig? Weil vergeben bedeutet, sich zu transformieren. Wenn wir jemandem vergeben, handeln wir mehr an uns selbst als an dem anderen. Wir verwandeln uns. Solange diese Transformation nicht stattgefunden hat, hat auch keine Vergebung stattgefunden.

Die Engelserfahrung zu machen bedeutet, die Erfahrung der Vergebung zu machen. Der Engel ist ein Wesen der Liebe. Zu lieben heißt vor allen Dingen, vergeben zu können, und der Engel ist Ausdruck der Vergebung selbst. Er vergibt uns unaufhörlich für die Abweichungen, die wir von unserem Schicksalskurs nehmen, indem er uns mit dem *unschuldigen* Blick eines Kindes und nicht mit dem strengen Blick eines Richters ansieht. Er verleiht uns auch die Motivation und die Kraft, uns selbst und den anderen zu vergeben.

Dies sind sieben Wege, um in den Prozess der Vergebung einzutreten:

1. Sich mit der spirituellen Welt verbünden

Um zu vergeben, muss man über sich selbst hinauswachsen, eine Kraft anrufen, die größer ist als man selbst, denn die Persönlichkeit allein ist nicht fähig zu vergeben. Die Vergebung gehört der Engelssphäre und dem *Höheren Selbst* an. Daher muss man sich freiwillig mit der spirituellen Welt verbünden, ehrlich ihre Hilfe erbitten und dann Platz in sich selbst schaffen, um diese höhere Energie zu empfangen.

2. Sich an das eigene *Ideal* erinnern

In der Vergebung liegt gleichzeitig ein Prozess des *Vergessens:* Vergessen der eigenen Fehler und Unzulänglichkeiten oder Vergessen des Schlechten, das uns angetan wurde (was einem Loslösen entspricht), und ein Prozess des *Erinnerns:* Man erinnert sich an das eigene *Ideal* und daran, was man der Welt geben will, um über sich selbst hinauszuwachsen. Man muss sich an sein inneres Versprechen erinnern, das Schlechte zu vergessen, das einem angetan wurde, und die Erinnerung an dieses Versprechen ist es, die das Schlechte auslöscht.

3. Sich an die Vergebung des eigenen Engels erinnern

Ganz nach dem Bild Christi am Kreuz: "*Vater, vergib ihnen, denn sie wissen nicht, was sie tun*" durchläuft der Engel an uns unaufhörlich den Prozess der Vergebung all unserer unzähligen Fehler und Verfehlungen, die wir begehen, weil wir uns in der allergrößten Mehrheit der Fälle mehr oder weniger im Unwissen (*Vergessen*) über die im Zwischenleben zusammen mit ihm und unserem *Höheren Selbst* gewählten Herausforderungen befinden. Somit kann man sagen, dass wir, wenn wir unserem Ego die Zügel unseres Lebens überlassen, unseren Engel und unser *Höheres Selbst* kreuzigen, die uns unaufhörlich vergeben, damit die Verbindung zwischen ihnen und uns bestehen bleibt.

4. Das eigene Kinderherz wieder finden

Die Vergebung hat die Macht, unsere Integrität und unsere Unschuld und auch die Integrität des anderen wieder herzustellen. Wenn wir unter dem Einfluss unseres Engels und unseres *Höheren Selbst* bewusst alle Folgen des Schlechten, das uns angetan wurde, aus unserer Erinnerung *auslöschen,* befreien wir uns gleichzeitig von allen Elementen, die uns zerstören und verdüstern.

5. Geben, was einem selbst vorenthalten wurde

Die Vergebung ist vor allen Dingen eine Handlung. Sie ist eine Verpflichtung, der Welt genauso viel Liebe, Güte und Mitgefühl zu geben, wie sie uns durch die schlechte Handlung genommen hat. Man darf nicht vergessen, das im Wort Vergebung das Wort "geben" steckt. Unter dem gütigen Schutz unseres Engels können wir den Erzengel Michael anrufen, um über uns selbst hinauszuwachsen (uns auf das marsische Bild Michaels mit dem Drachen - dem Bösen - zu seinen Füßen stützen), und dann der Welt das geben, dessen wir beraubt wurden.

6. Sich der Zukunft öffnen

Die Vergebung gehört der Zukunft an, denn der Engel ist ein Wesen der Zukunft. Die Vergebung löscht nicht den Fehler aus, doch sie eröffnet ihm eine Zukunft. Die Vergebung erlaubt das schrittweise Eindringen der Kräfte des Engels und des *Höheren Selbst* in unser Bewusstsein. Es gibt sogar eine direkte Verbindung zwischen diesem Eindringen der himmlischen Kräfte in das eigene Selbst (das in unserem Zeitalter des

Wassermanns seinen Höhepunkt erreichen wird) und der übersinnlichen Wahrnehmung des Engels und Christi.

7. Zum Schöpfer werden

Mit jeder Vergebung werden wir Mitschöpfer der Welt. Die geistigen Wesenheiten, die sich mit Christus um das Karma kümmern, werden von der schweren Arbeit befreit, die die Verteilung der karmischen Schuld mit sich bringt. Jeder Mensch, der vergibt, nimmt einen Teil des Karmas der Welt auf sich und befreit so die geistigen Wesenheiten, die sich darum kümmern. Diese können ihre Energie dann anderweitig verwenden, indem sie die Welt von morgen (das *Heilige Jerusalem*) erschaffen.

1. Sich selbst vergeben

Dies bedeutet, sich auf den drei Ebenen des eigenen Wesens selbst zu vergeben: Denken, Fühlen und Wille, und dann konkret eine neue Verhaltensweise anzunehmen. Diese neue Verhaltensweise, die dadurch möglich wird, dass man sich unaufhörlich an seine Verpflichtungen erinnert, macht die Vergebung zur Wirklichkeit.

Vorgehensweise

1. Phase der Entspannung

Schließen Sie die Augen und atmen Sie langsam und tief. Nehmen Sie sich Zeit, um sich gut zu entspannen und auszuruhen. Bei jedem Ausatmen spüren Sie, dass die Anspannung von Ihnen abfällt, dass Ihre Muskeln sich lockern und entspannen. Bitten Sie Ihren Körper, sich vollkommen auszuruhen und in den Entspannungsprozess einzutreten.

2. Den Kopf auf dem Herzen platzieren

Lassen Sie die Spannungen Ihres Kopfes los, indem Sie sich zum Beispiel einen Regen aus Licht vorstellen, der auf Ihren Kopf fällt und alle Ihre Spannungen mit sich nimmt. Lassen Sie Ihren Kopf los, lassen Sie ihn zur Ruhe kommen. Platzieren Sie ihn auf Ihrem Herzen. Lassen Sie sanft und ruhig los. Stellen Sie sich vor, dass Ihr Kopf sich ruhevoll und in Frieden dort befindet. Sie nehmen die Welt und das Leben von Ihrem Herzen aus wahr. Versuchen Sie es, spüren Sie es. Haben Sie keine Angst, loszulassen, Ihre alltäglichen Gedanken fallen zu lassen, zur Ruhe zu kommen. Lassen Sie Ihre gewöhnlichen Gedanken los und treten Sie tief in Ihr Selbst ein. Platzieren Sie Ihren Kopf auf Ihrem Herzen.

Stellen Sie sich vor, dass Sie sich gänzlich in Ihrem Herzen befinden. Sie haben sich gewissermaßen miniaturisiert und befinden sich vollständig in Ihrem Herzen. Ihr Herz ist wie eine leuchtende, sich drehende Energiespirale. Sie fühlen sich vom Zentrum der Spirale eingesaugt und fallen in die Spirale, ganz tief in Ihr Inneres. Versuchen Sie es, fühlen Sie es. Sie finden sich in einem sehr leuchtenden, sehr angenehmen, sehr sanften Raum wieder. Sie fühlen sich in Sicherheit und ganz ruhig.

Sie finden sich in einem anderen Raum wieder ... In der Welt des Lebens, einem Raum des Lebens und des Wachstums, und wie eine Pflanze oder eine Knospe im Frühling haben Sie den Eindruck, von Kräften des Wachstums ergriffen, bewohnt zu werden. Sie sind dabei zu wachsen, sich zu weiten und auszudehnen. In dieser Ausdehnung liegt sehr viel Liebe. Fühlen Sie es. Verbleiben Sie in Ihrem Gefühl der Ausdehnung und der Liebe.

3. Phase der psychischen Arbeit

Nun, nachdem Sie sich vollkommen nach innen gerichtet haben, treten Sie in Verbindung zu Ihrem Engel.

- Bekunden Sie Ihrem Engel gegenüber den Willen, sich selbst zu vergeben, und bitten Sie ihn, Ihnen bei diesem Prozess zu helfen.

- Beginnen Sie damit, sich auf der Ebene des Denkens selbst zu vergeben: Stellen Sie sich Fragen zu Ihrer Wahrheitssuche. Suchen Sie unter allen Umständen nach Wahrheit? Wenn nicht, warum nicht?

  Vergeben Sie sich selbst für Ihren Mangel an Reflexion oder Ihre Glaubenssätze, Konditionierungen und Abhängigkeiten, die Ihre Wahrheitssuche behindern.

  Versprechen Sie sich selbst, Ihrer Suche nach Wahrheit treu zu bleiben.

- Fahren Sie fort, indem Sie sich auf der Ebene des Fühlens und der Beziehungen selbst vergeben: Stellen Sie sich Fragen zum Selbstrespekt. Sorgen Sie dafür, dass Sie in Ihren Beziehungen zu den anderen respektiert werden, und respektieren Sie die anderen unter allen Umständen? Wenn nicht, warum nicht?

  Vergeben Sie sich selbst für den geringen Wert, den Sie sich selbst beimessen, und für Ihren Mangel an Respekt gegenüber sich selbst und den anderen.

  Versprechen Sie sich selbst, dem Selbstrespekt und dem Respekt anderen gegenüber treu zu bleiben.

- Vergeben Sie sich schließlich selbst auf der Ebene des Willens: Stellen Sie sich Fragen zu Ihren Handlungen. Handeln Sie nach Ihrem Herzen? Suchen Sie unter allen Umständen Autonomie? Wenn nicht, warum nicht?

  Vergeben Sie sich selbst für Ihre Trägheit und Ihren Mangel an Unabhängigkeit, die Sie daran hindern, Ihren Platz in der Welt vollständig einzunehmen.

  Versprechen Sie sich selbst, Ihrem Gelübde, nach Ihrem Herzen zu handeln, treu zu bleiben.

Atmen Sie langsam und tief, um Ihren sitzenden Körper hier und jetzt in diesem Raum wieder bewusst wahrzunehmen. Kehren Sie dann allmählich in Ihrem Rhythmus in das Wachbewusstsein zurück. Wenn Sie sich bereit fühlen, öffnen Sie wieder die Augen und halten Ihre Erfahrung in Ihrem Notizbuch für die Arbeit an sich selbst fest.

2. Den anderen vergeben

Die Vergebung besteht darin, die eigene Vergangenheit loszulassen und dabei Lehren aus ihr zu ziehen. Wenn man es versteht, Lehren aus der eigenen Vergangenheit zu ziehen, transformiert man sich selbst. Diese Lehren erlauben es uns, weiterzukommen, Schöpfer unserer Zukunft zu werden, denn wir erlangen dadurch neue Eigenschaften. Und diese Eigenschaften können wir schließlich der Welt geben (die Ver-gebung).

Vorgehensweise

Wählen Sie zunächst denjenigen aus, dem Sie vergeben wollen. Vielleicht handelt es sich um jemanden, der Sie in Ihrer Kindheit zutiefst verletzt hat: Ihr Vater oder Ihre Mutter. Versuchen Sie eventuell, ein Foto oder einen Gegenstand zu finden, der Ihnen die Person in Erinnerung ruft, um sich so gut wie möglich zu erinnern.

Beginnen Sie nun mit der Übung der Vergebung.

Durchlaufen Sie erneut die ersten Phasen des Prozesses der Vergebung, und fahren Sie dann wie folgt fort:

- **Phase der psychischen Arbeit**

Sobald Sie sich vollkommen nach innen gerichtet haben, treten Sie in Verbindung mit Ihrem Engel.

Lassen Sie die Person allmählich in Ihrer inneren Welt in Erscheinung treten, und lassen Sie die Erinnerungen in Ihr Gedächtnis aufsteigen und Ihr Herz erfüllen. Seien Sie achtsam für das, was in Ihrem Herzen geschieht ... Beschleunigen sich Ihr Herzschlag und Ihre Atmung? Machen Sie sich bewusst, dass Sie dem Schmerz widerstehen.

Akzeptieren Sie, sich in Ihrem Kummer, Ihrem Ärger oder Ihrem Groll zu verlieren, und versuchen Sie dann zu benennen, was Ihnen Schlechtes angetan wurde: Respektlosigkeit, Erniedrigung, Verrat usw.

- ***Benennen Sie das Schlechte***

Spüren Sie nun ruhig und ganz sanft bei jedem Ausatmen, wie Sie Ihren Schmerz und Ihr Leiden loslassen. Lassen Sie vollständig los, nehmen Sie sich alle Zeit, die Sie brauchen.

Wenn Sie spüren, dass Ihr Herz offener ist und sich die Person noch immer vor Ihrem inneren Auge befindet, sagen Sie ihr (innerlich oder laut): "*X, ich verzeihe dir, dass du mir Schmerz zugefügt hast!*" (Erwähnen Sie das, was Ihnen wehgetan hat.) Helfen Sie sich mit Ihrer Ausatmung, um zu spüren, wie Sie vergeben. Spüren Sie, was in Ihrem Herzen geschieht. Fühlen Sie, wie es leichter wird, weniger bedrückt? Wenn nicht, verlieren Sie nicht den Mut, beginnen Sie von neuem.

Verpflichten Sie sich dann, anderen zu geben, was Ihnen von dieser Person verweigert wurde. Wenn die Person keinen Respekt Ihnen gegenüber hatte, werden Sie sich von nun an bemühen, den größtmöglichen Respekt vor dem anderen zu haben. Dieser Respekt heilt Sie, er ist die Gabe Ihrer Vergebung.

Definieren Sie deutlich, was Respekt für Sie ist, oder die Eigenschaft, die Sie den anderen von sich geben möchten.

Danken Sie der Person, die Sie verletzt hat, dafür, dass Sie Ihnen gezeigt hat, dass Sie den anderen etwas geben müssen.

Atmen Sie schließlich langsam und tief, um Ihren sitzenden Körper hier und jetzt in diesem Raum wieder bewusst wahrzunehmen. Kehren Sie dann allmählich in Ihrem Rhythmus in das Wachbewusstsein zurück. Wenn Sie sich bereit fühlen, öffnen Sie wieder die Augen und halten Ihre Erfahrung in Ihrem Notizbuch für die Arbeit an sich selbst fest.

BIBLIOGRAFIE

ANTIER, Jean-Jacques. Le livre de la sagesse et des vertus retrouvées (Gespräch mit Jean Guitton - 50 Tugenden in allen Aspekten), éd. Pocket

CATTIN, Yves et Philippe FAURE. Les anges et leur image au Moyen-Âge, éd. Zodiaque (dt.: Engel und ihr Bild im Mittelalter, Schnell & Steiner, Mai 2000)

DE VORAGINE, Jacques. La légende dorée, Band I und II, éd. Flammarion (dt.: Die Legenda aurea des Jacobus de Voragine, Gütersloher Verlagshaus, Juni 2004)

DOSTOÏEVSKI, Fedor. La Légende du grand inquisiteur, éd. L'Insomniaque (dt.: Die Legende vom Großinquisitor, DTV, München 1993)

DROZ, Geneviève. Les Mythes platoniciens, éd. du Seuil, coll. Points Sagesse

EISENBERG, Josy et Adin STEINSALTZ. L'homme debout (Essai über das jüdische Gebet)

GUSDORF, Georges. Kierkegaard, éd. Seghers

JACQUEMENT, Jean-Julien. Les nouveaux ancêtres (nach dem Film "Der Himmel über Berlin" von Wim Wenders), éd. Les Trois Arches

JOUVE, Jean-Pierre. En Miroir (nicht datierte Schrift über das Erstaunen)

JOVANOVIC, Pierre. Enquête sur l'existence des anges gardiens, éd. Filipacchi

JUNG, Carl G. et Marie Louise VON FRANZ. Reflets de l'âme (projections, recherche de l'unité intérieure selon la psychologie des auteurs), éd. Entrelacs (dt.: Spiegelungen der Seele. Projektion und innere Sammlung in der Psychologie C. G. Jungs, Kreuz-Verlag, Stuttgart 1990)

MEYER, Rudolf. Rythmes, éd. Iona

OCTAVE, Amélia. La part de l'ange, éd. JMG

O'NEIL, George et Gisela O'NEIL. La vie humaine - saisir le sens de son parcours terrestre, éd. Les Trois Arches (dt.: Der Lebenslauf, Freies Geistleben, September 2002)

PROKOFIEFF, S. O. Le Pardon, sa dimension occulte, éd. Triades (dt.: Die okkulte Bedeutung des Verzeihens, Freies Geistleben, Dezember 1995)

PSEUDO-DENYS L'ARÉOPAGITE, Œuvres complètes - traduction, commentaires et notes par Maurice de Gandillac, Aubier, bibliothèque philosophique

SCHROEDER, Hans-Werner. L'homme et les anges, éd. Iona (dt.: Mensch und Engel, Urachhaus 2002)

SERRES, Michel. La légende des anges, éd. Flammarion (dt.: Die Legende der Engel, Insel, Frankfurt 1995)

STEINER, Rudolf. De la nature des anges, éd. Antroposophiques Romandes (dt.: Vom Wirken der Engel, Freies Geistleben, Januar 2001)

STEINER, Rudolf. Les hiérarchies spirituelles et leur reflet dans le monde physique, éd. Triades (dt.: Geistige Hierarchien und ihre Widerspiegelung in der physischen Welt, Rudolf Steiner Verlag, Mai 1998)

STEINER, Rudolf. Les trois rencontres de l'âme humaine, éd. Antroposophiques Romandes (dt.: Die drei Begegnungen der Menschenseele, in: Bausteine zu einer Erkenntnis des Mysteriums von Golgotha, Rudolf Steiner Verlag, 1996)

STEINER, Rudolf. Les trois voies vers le Christ, éd. Antroposophiques Romandes (dt.: Erfahrungen des Übersinnlichen: Die drei Wege der Seele zu Christus, Rudolf Steiner Verlag, Mai 1998)

WENDERS, Wim. Les Ailes du désir (Videocassette der französischen Version des Films), éd. Les Films de ma vie (dt.: Der Himmel über Berlin)

WENDERS, Wim et HANDKE, Peter. Les Ailes du désir (Scenotype, Fotos und vollständiger Text des Films), éd. Jade

ANMERKUNGEN

S. 12 * bezogen auf die Kabbala = mystische Strömung mit esoterischer Tendenz innerhalb des Judaismus'

S. 29 * Rudolf Steiner Verlag

S. 42 * Éditions Albin Michel

S. 66 * Perfektion hat etwas Entmutigendes in dem Sinne, dass sie Endlichkeit ausdrückt. Wenn man perfekt ist, kann man sich nicht weiter verbessern. Es gibt nichts hinzuzufügen, nichts mehr zu erforschen. Die Sache ist beendet, und man kann nichts Neues mehr ins Auge fassen. Sie kann nur noch sterben, wie sie ja keine Zukunft hat. Tatsächlich hat das Bedürfnis nach Perfektion nicht viel mit Engeln zu tun, denn schließlich ist es ein egoistisches Bedürfnis. Egoistisch, weil man, selbst wenn man eine gute Eigenschaft zu erwerben versucht, dies nicht aus dem richtigen Grund tut: Man versucht vor allem, mit sich selbst zufrieden zu sein, dafür zu sorgen, dass man gemocht oder anerkannt wird. Hier fehlt der Wille zur Weiterentwicklung. Man will sich perfekt, bereits abgeschlossen, am Gipfel angelangt sehen. Man ist nicht wirklich für eine Infragestellung offen, für wirkliches Lernen und die Zukunft. Hier ist der Engel ganz klar nicht anwesend, da die Absicht, die ja egoistisch ist, keine moralische mehr ist.

S. 108 * Auszug aus einer englischsprachigen Zusammenstellung von Gedichten verschiedener Autoren, mit dem Titel Goddess meditations - from Isis to Sophia, erschienen bei Trinosophia Press

S. 121 * Der von Rudolf Steiner verwandte Begriff "Vorstellung" hat nicht die Bedeutung, die ihm gewöhnlich zugeschrieben wird. Es handelt sich nicht um die Fähigkeit, die Bilder bereits erkannter Objekte hervorzurufen (reproduktive Imagination = Gedächtnis), um die Fähigkeit zu träumen oder frei Dinge zu erfinden, sondern um Vorstellung im spirituellen Sinne. Es ist die Fähigkeit, Bilder der Wirklichkeit zu erschaffen, die man im Außen noch nie wahrgenommen hat, und neue Bilderkombinationen hervorzubringen (es handelt sich demnach um eine schöpferische Vorstellung).

S. 176 * Er findet im Alten Testament Erwähnung - siehe Buch Daniel.

S. 178 * Der Esoteriker und Historiker Johannes Trithemius von Sponheim (1462-1516) verwies als Erster auf die Regentschaftszeiträume der Erzengel, insbesondere in seinem Traktat über die sekundären Ursachen.

S. 193 * Verlag Gesundheit und Entwicklung

Marie-Pascale Rémy

Marie-Pascale Rémy fand 1988 auf fast brutale Art und Weise den Kontakt zur spirituellen Welt, als sie nach einem Unfall eine Nahtoderfahrung erlebte. Dieser Schicksalsschlag änderte ihre gesamte Weltsicht und ihre Art zu leben. Nachdem sie sich intensiv mit ihrer eigenen Kindheit sowie mit verschiedenen spirituellen Richtungen wie dem Hinduismus, dem Buddhismus oder der Anthroposophie beschäftigt hatte, schrieb die Autorin ihr erstes Buch: »Kindheit und Spiritualität«.
Kurz darauf folgte ihre zweite Veröffentlichung: »Die auferstandene Frau«.

160 Seiten, broschiert
€ [D] 12,90 / sFr 23,50
ISBN 3-89845-105-4

Leopold Zillinger

Schutzengel im Einsatz

Der Himmel erfährt aus einer erschreckenden Statistik, dass es kaum noch Menschen gibt, die an die Existenz ihres Schutzengels glauben. Was tun? Nun, kurzerhand schickt er seinen erfahrensten Streetworker-Engel zu uns, um uns auf recht unkonventionelle Weise an das „himmlische Geflügel“ zu erinnern ...
Das Ziel dieses Buches ist es, Menschen auf unbeschwerte Weise einen Zugang zu ihrem Schutzengel zu ermöglichen. Gleichzeitig will es aber auch die grundsätzlichen Mechanismen des Lebens vermitteln, um den Weg des Herzens gehen zu können. Denn: Selbst wenn das Leben zu einer einzigen Frage wird, bleibt Liebe die Antwort!

192 Seiten, gebunden
€ [D] 14,90 / sFr 26,80
ISBN 3-89845-083-X

Peter Kummer

Die Schutzengel AG

Partner ohne Risiko

Im Frühjahr 2001 erlebt Erfolgsautor Peter Kummer während einer Behandlung bei einem Heiler seinen ersten bewussten Kontakt mit einem Engel. Er lernt von ihm, sich führen zu lassen und mit ihm zu kommunizieren. Knapp drei Jahre später wird er mit einer medial begabten Frau zusammengeführt, die ihn mit seinem persönlichen Schutzengel namens Zacharias bekannt macht und ein Gespräch ermöglicht. In dem Dialog geht es um Fragen wie:
Wie sehen Engel aus? Hat jeder Mensch einen Engel? Was passiert mit uns nach dem Tode? Warum gibt es Aids, Krebs oder Kriege? u.v.a.m.

128 Seiten, broschiert
€ [D] 5,95 / sFr 11,10
ISBN 3-89845-049-X

Elizabeth Clare Prophet

Mit Engeln arbeiten

Dieses Buch bringt einem bei, wie man mit Engeln Freundschaft schließt, sodass diese bereit sind, ihre Hilfe uns zukommen zu lassen. Denn wir haben sie um ihre Hilfe zu bitten. Erst dann dürfen sie uns helfend zur Seite stehen. Hier werden die praktischen Schritte in einem Zehn-Punkte-Programm aufgezeigt, wie man sich mit ihnen in Verbindung setzt, sich weiterhin ihrer Hilfe vergewissert und in Zusammenarbeit mit ihnen viel Gutes für sich und andere bewirkt.
Dieses Büchlein ist nicht nur ein Ratgeber, sondern vor allem eine praktische Anleitung, seinem Leben mit Hilfe der Engel eine höhere Qualität zu geben.

156 Seiten, gebunden,
plus 49 vierfarbige
Symbolkarten in Box
€ [D] 29,00 / sFr 50,70,
ISBN 3-89845-007-4

Ingrid Auer

Heilende Engelsymbole

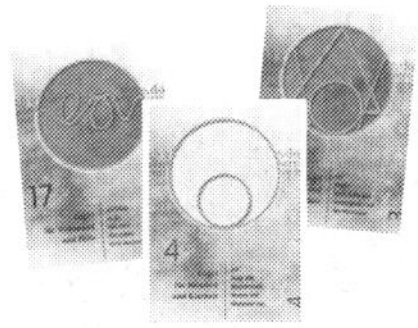

49 Schlüssel zur Engelwelt

Einfühlsam und leicht verständlich ermöglichen die Engelkarten und das sehr ansprechend gestaltete Begleitbuch einen natürlichen, unbefangenen Zugang zur Engelwelt.
Alle, die Rat und Trost brauchen oder körperliche Beschwerden haben, können sich mit diesem Set die bezaubernde Engelwelt erschließen und deren Unterstützung nutzen. Die Engelsymbole verhelfen dazu, Blockaden im seelischen und körperlichen Bereich zu lösen und die Chakren sowie Wasser, Nahrungsmittel und vieles mehr zu energetisieren.

Stülpschachtel, Handbuch
198 Seiten gebunden,
147 Karten
€ [D] 29,00 / sFr 50,70
ISBN 3-89845-001-5

Ingrid Auer

Heilen mit Engel-Therapie-Symbolen

Die Heilkraft der Engel in Therapie und Alltag

Im zweiten Band werden 59 Sets mit Engel-Therapie-Symbolen vorgestellt, die auf geistigem Wege direkt aus der Engelwelt empfangen wurden. Diese beeindruckenden Zeichen – die wichtigsten Sets sind auf farbigem Karton vorgestanzt zur sofortigen Anwendung beigefügt – wirken auf den feinstofflichen Körper des Menschen. Da eine Heilung auf geistiger Ebene jener auf der physischen in der Regel vorausgeht, werden durch diese Symbole Heilungsprozesse beschleunigt. Auch die Selbsterkenntnis und spirituelle Entwicklung wird unterstützt.

21 runde Engelkarten
mit Buch, 202 Seiten, bros.,
in 4-farbiger Stülpschachtel
€ [D] 25,90 / sFr 45,30
ISBN 3-89845-065-1

Ingrid Auer

Engelsymbole für Kinder

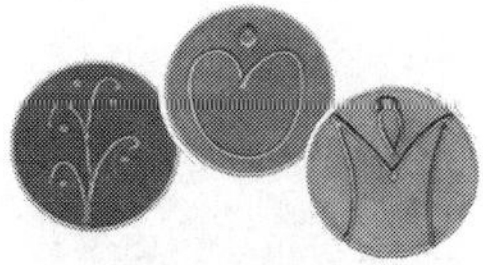

Liebevolle Begleitung im Alltag

Integrieren Sie die Engel in den Alltag Ihrer Familie! Dieses Set aus 21 neuen Engelsymbolen, kindgerecht auf runde Karten gedruckt, und einem Buch hilft, die Sensitivität der Kinder zu fördern und unterstützt sie in ihrer Entwicklung. Es hilft aber auch Erwachsenen, ihr Herz den Engeln zu öffnen. Finden Sie als Erwachsener zurück zu dem natürlichen Zugang zur Engelwelt, den Kinder noch haben.
Mit diesem Set unterstützen Sie die spirituelle Weiterentwicklung Ihrer Kinder, denn Kinder lieben Engel – und Engel lieben Kinder.
„Engelsymbole für Kinder" ist gleich doppelt verwendbar: Als gemeinsames „Spiel" für Erwachsene und Kinder und als „spirituelles Aufklärungsbuch" für Erwachsene.

Elisabeth Kübler-Ross

Über den Tod und das Leben danach

Ein Hörbuch mit 2 CDs, je ca. 75 Min.
€ (D) 24,90 / sFr 45,90
ISBN 3-89845-122-4

Dies ist das erste Hörbuch eines Werkes der bekannten Sterbeforscherin Elisabeth Kübler-Ross. Gleichzeitig ist es eine Einladung, sich auf die tröstenden und einfühlsam gesprochenen Worte einzulassen, die sowohl Einblick in die wissenschaftliche Forschungsarbeit und deren Ergebnisse gibt als auch viele Denkanstöße bereit hält.
Überzeugend und einfühlsam beweist die Autorin, dass es ein Leben nach dem Tod gibt.

Verlag »Die Silberschnur« · Steinstraße 1 · 56593 Güllesheim
SILBERSCHNUR

Verlag
»Die Silberschnur«
Postfach 41
D-56590 Horhausen

Elisabeth Kübler-Ross

Über den Tod und das Leben danach

Ein Hörbuch mit 2 CDs, je ca. 75 Min.
€ (D) 24,90 / sFr 45,90
ISBN 3-89845-122-4

Dies ist das erste Hörbuch eines Werkes der bekannten Sterbeforscherin Elisabeth Kübler-Ross. Gleichzeitig ist es eine Einladung, sich auf die tröstenden und einfühlsam gesprochenen Worte einzulassen, die sowohl Einblick in die wissenschaftliche Forschungsarbeit und deren Ergebnisse gibt als auch viele Denkanstöße bereit hält.
Überzeugend und einfühlsam beweist die Autorin, dass es ein Leben nach dem Tod gibt.

Verlag »Die Silberschnur« · Steinstraße 1 · 56593 Güllesheim
SILBERSCHNUR

Verlag
»Die Silberschnur«
Postfach 41
D-56590 Horhausen

Ja, ich möchte gerne weitere Informationen erhalten.

Bitte senden Sie mir ❍ per E-Mail *oder* ❍ per Post

❍ Ihr Verlagsprogramm

❍ Informationen zu ähnlichen Themen

❍ Informationen zu Büchern über

❍ Engelwelten	❍ Jenseitswelten	❍ Paranormale Fähigkeiten
❍ Karma & Wiedergeburt	❍ Lebenshilfe	❍ Natürliche Gesundheit
❍ Ganzheitliches Heilen	❍ Astrologie & Numerologie	❍ UFOs & Kornkreise
❍ Seelenleben der Tiere	❍ Orakel, Tarot und Karten	

Name, Vorname E-Mail

Straße, Hausnummer

Land, PLZ, Ort

Diese Karte entnahm ich dem Buch: ________________

Ich fand das Buch inhaltlich	❍ sehr gut	❍ mittel	❍ nicht gut
und die Gestaltung	❍ sehr gut	❍ mittel	❍ nicht gut

Ja, ich möchte gerne weitere Informationen erhalten.

Bitte senden Sie mir ❍ per E-Mail *oder* ❍ per Post

❍ Ihr Verlagsprogramm

❍ Informationen zu ähnlichen Themen

❍ Informationen zu Büchern über

❍ Engelwelten	❍ Jenseitswelten	❍ Paranormale Fähigkeiten
❍ Karma & Wiedergeburt	❍ Lebenshilfe	❍ Natürliche Gesundheit
❍ Ganzheitliches Heilen	❍ Astrologie & Numerologie	❍ UFOs & Kornkreise
❍ Seelenleben der Tiere	❍ Orakel, Tarot und Karten	

Name, Vorname E-Mail

Straße, Hausnummer

Land, PLZ, Ort

Diese Karte entnahm ich dem Buch: ________________

Ich fand das Buch inhaltlich	❍ sehr gut	❍ mittel	❍ nicht gut
und die Gestaltung	❍ sehr gut	❍ mittel	❍ nicht gut